대학새내기에게 '꿈이 무엇이냐'고 묻다

멋진 삶을 위해 꿈을 향해 나아가는

____________ 에게 이 책을 드립니다.

년 월 일

____________ 드림

대학새내기에게 '꿈이 무엇이냐'고 묻다

초판 1쇄 발행 2019년 3월 3일

지 은 이 채병조
발 행 인 권선복
편　　집 오동희
그　　림 신해원
디 자 인 김소영
전 자 책 서보미
발 행 처 도서출판 행복에너지
출판등록 제315-2011-000035호
주　　소 (157-010) 서울특별시 강서구 화곡로 232
전　　화 0505-613-6133
팩　　스 0303-0799-1560
홈페이지 www.happybook.or.kr
이 메 일 ksbdata@daum.net

값 15,000원

ISBN 979-11-5602-700-3 (03190)

어느 교수의 학생 상담 스토리

대학새내기에게 '꿈이 무엇이냐'고 묻다

채병조 지음

대학입학을 진심으로 축하합니다.
이제 미래를 향한 전공과 꿈(진로)에 대해
진지하게 생각해 볼 때가 되었습니다.
자신의 미래 모습을 상상하며
대학 생활을 보람 있게 할 수 있는 비결을
찾기 바랍니다.

도서출판 행복에너지

학생들이여,

꿈을 가지십시오!

가슴이 뛸 수 있는 꿈을 가져야 합니다.

이 세상이 지금보다 더 나아지기 위해서는

그대의 재능과 역할이 필요하다는 것을

항상 잊지 말기 바랍니다.

원했던 대학이나 학과에 입학하지 못했습니까?

고민하기 전에

입학한 곳에서 자신의 진로를 찾아보기 바랍니다.

원했던 곳이라도

입학 전의 생각과 후의 현실은 다를 수 있습니다.

대학이란 한평생 삶의 욕구를 충족할 꿈을 찾고

그 길을 가기 위해 준비하는 곳이기도 합니다.

이제 안일한 삶의 굴레를 벗고

진정 원하는 꿈을 향해

도전해 보십시오.

교수생활을 하면서

학생들과 꿈 설계 및 진로상담을 통해 나누었던

몇 가지 주제를 이 책에 정리해 보았습니다.

일부 학생들에 관한 이야기일지라도

누구나 한번쯤은 생각해 볼 사항들입니다.

대학생보다 오히려 고등학교 학생들이 읽으면

진로선택에 크게 도움이 되리라 생각합니다.

부모님들도 바쁜 삶을 잠시 내려놓고

이 책의 내용을 통해 자녀들의 진로를

함께 의논해 보는 시간을 가져 보기 바랍니다.

〈누구나 처음엔 걷지도 못했다〉

김헌영(강원대학교 총장)

강원대학교 총장으로서 대학생들의 취업특강에 나설 때가 종종 있습니다. 사전에 제출된 질문들 중 하나를 골라서 답을 해야 했는데, "다시 대학생 때로 돌아간다면 꼭 하고 싶은 것은", "대학생 때 반드시 해야 할 일은" 같은 질문이 항상 빠지지 않고 여러 개 들어 있습니다. 지금 그 질문에 답할 기회가 주어진다면 **"하고 싶은 게 있다면 무엇이든 지금 바로 하는 습관을 기르세요"**라고 말하고 싶습니다.

우리나라의 입시제도하에서 대학 신입생은 '자유'를 손에 쥔 첫 순간에 가깝지 않을까 생각해 봅니다. 하지만 준비되지 않은 자유는 곧 방종과 마주하게 되며, 가고자 하는 목표가 무엇인지 모른 채 방황하는 것은 청춘의 낭만이기보다는 불안한 초년병의 모습일 뿐입니다. 오늘 할 이야기는 바로 **'습관'**에 대한 것입니다.

저는 대학에 입학한 후, 사회과학문제에 대한 책을 읽고 영어로

토론하는 동아리에 들어갔습니다. 갓 대학에 입학한 새내기에게는 수준이 높아 많은 시간을 할애해야만 했고, 정작 학업에는 다소 소홀했었던 기억이 납니다. 3학년부터 다시 전공 공부에 매진하여 대학원 진학을 했었고, 결국 평생 공부를 하는 직업인 교수가 됐습니다.

겉으로만 봐서는 동아리 활동이 전공이나 직업 선택에는 별 도움이 안 됐다고 생각할 수도 있을 것입니다. 하지만 그 당시 매일같이 영어 독후감을 작성하고 외우며, 치열하게 토론했던 경험과 동아리에서 만난 사람들의 인연은 제 인생의 큰 자산이 됐습니다. 학생들을 가르치고, 지금 총장으로서 업무를 수행해 가는 데 가장 큰 버팀목이 됐으며, 제 평생의 동반자인 아내도 동아리에서 만났으니, 저에게는 대학 시절 동아리 활동이 제 인생의 큰 의미이며 재산이자 훈련장이었다고 할 수 있습니다.

사실 인생은 습관의 연속입니다. 우리 삶의 대부분은 자신도 알지 못하는 사이에 이미 굳어진 습관에 의해서 움직이고 있습니다. 즉, 내 인생의 목표를 세우고 실현하기 위해 구체적인 계획을 세우고 날마다 노력해야 합니다. 최종 목표를 실현하기 위한 단계적인 목표를 세우고 하나씩 이루어 나가는 것입니다.

어떻게 보면 제가 너무나 당연한 이야기를 하는지도 모르겠습니다. 하지만 성공이라는 것은 당연한 것을 꾸준하게 하는 데서 생겨납니다. 최선을 다하는 1시간이 모여서 하루가 되고 그런 365일이 모여서 1년이 되고 그런 알찬 1년들이 모여서 우리의 생애를 이루는 것입니다.

사실 많은 이들이 나쁜 습관을 버리고, 좋은 습관을 얻기 위해 고군분투하지만 결과는 그리 좋지 못합니다. 작심삼일을 100번 반복하면 1년이 지나간다는 우스갯소리를 들어본 적은 있지만, 실제 실천에 옮겼다는 이는 본 적이 없습니다. 그만큼 습관을 고치는 것이 어렵다는 말일 것입니다. 아무리 사소한 일도 하루 10분씩 매일 훈련을 실천하면 행복한 인생을 가꿀 수 있는 밑거름이 됩니다.

제가 다시 여러분의 때로 돌아간다면 구체적인 꿈을 세우고, 그것을 이루기 위해 날마다 더욱더 노력할 것입니다. 안락하고 편안한 삶을 추구하기보다는 꿈을 향해 제 청춘을 불태울 것입니다. 무엇보다 안전한 길로만 가지 않겠습니다. 누구도 도전하지 않은 길에 도전해 보세요. 여러분 앞에는 정말 희망찬 미래가 있습니다. 청춘이 있습니다. 그것은 이 세상 어떤 것으로도 살 수 없는 것입니다.

글을 준비하면서 어떻게 하면 더 실천하고 싶은 마음이 들도록

이 글을 쓸지에 대해 많은 고민을 했습니다. 학생들에게 해 주고 싶은 말들이 많다고 생각했는데, 저도 역시 뻔한 소리를 하는 어른이 된 것 같습니다. 이 뻔한 소리를 담은 글이 신입생 여러분의 대학 생활에 시행착오를 줄이는 데 도움이 되길 바랍니다. 무엇보다 대학교 입학을 진심으로 축하하며 환영합니다.

〈내 인생의 열망을 성취하기 위한 나의 길〉

라울 모레티(Raul Moretti)(강원대학교 교수)

이 책 저자의 요청에 부응하여, 한국과 외국(서구지역)의 교육과 꿈의 성취에 관련된 저의 생각을 이야기하고자 합니다.

우선, 첫 번째 의견을 말해 보겠습니다. 저는 미국에서 자라면서 석사학위까지 마쳤습니다. 그 과정에서, 저는 수업에서 질문하고 참여하는 법을 배울 수 있었습니다. 학생들은 선생님들을 존경하지만 학생들이 선생님들에게 질문을 하며, 심지어 의견이 다를지라도 전혀 문제가 되지 않습니다. 이러한 방식을 통해 학생들은 주제를 들여다보며 분석하고 조사함으로써 어떻게 대처해야 하는지를 배우고 있습니다.

반면에, 제가 한국에서(고려대학교) 박사학위를 이수하는 동안에 느꼈던 것은 한국의 교육은 접근하는 방식이 다를 뿐만 아니라 경쟁의 개념이 두드러진다는 점입니다. 결과적으로는 한국에서 20년 이상 학생들을 가르치면서 그들을 많이 이해할 수 있게 되었고 그들이 교육 환경을 어떤 방식으로 느끼는지도 알게 되었습니다.

이 책의 저자가 의도하는 다른 한 가지는 학생들이 꿈을 향해 더 욱더 용기 있게 나아가길 바라는 것입니다. 교육은 오로지 시험을 잘 치고, 좋은 학점을 얻기 위한 것이 아닙니다.

제 인생에서 얻은 가장 큰 축복 중의 하나는 저 스스로가 좋아하는 직업(교직)을 갖게 되었다는 것이며, 이 일을 20년 이상 하고 있습니다. 그러나 교직은 제가 어릴 때 하고 싶어 했던 직업 상위 20개 중에 속하지 않습니다. 그것은 내 성격에 맞지 않았기 때문입니다. 나는 부끄러움을 많이 타는 성격이었으며 그 당시 나는 다른 것을 해 볼 생각을 가지고 있었기 때문에 내가 정말 하기 싫은 것들은 잊어버렸습니다.

만약 누군가가 어떻게 베네수엘라에서 태어나 6살에 미국으로 건너가 17년을 보내고 그 후 이탈리아, 한국 그리고 또다시 미국으로 공부를 위해 돌아갔으며, 그리고 핀란드에서 1년을 보낸 뒤 마지막으로 한국까지 오게 되었느냐고 묻는다면 난 예상하지 못했던 일이라 할 것입니다. 즉, 이런 계획을 처음부터 세우진 않았지만, 준비해 가면서 기회를 얻는 사고방식은 모든 학생들이 받아들였으면 하는 바람입니다.

여러분이 하지 못할 것은 아무것도 없습니다. 저 또한 아직 제 삶의 마지막 장을 어떻게 쓸지 잘 모르겠습니다. 그리고 아직도 가보지 않은 다른 나라로 갈 수 있는 여지는 있습니다. 우리의 삶은 그저 가만히 앉아서 보는 운동경기가 아니라 직접 도전하고 모험하는 것입니다. 능동적으로 계획하고, 연구하고, 배우고, 호기심을 갖게 되면 결국 여러분의 꿈은 이룰 수 있습니다.

여러분과 나누고 싶은 이야기가 있습니다.

약 7년 전, 서울에서 학생들을 가르칠 때 뮤지컬과 연극을 매우 좋아하던 학생이 있었습니다. 그 학생은 거기에 매우 열정적이었습니다. 그 학생은 여러 나라에서 유명한 연극을 보기 위해 한 달간 유럽여행을 하고 싶어 했습니다. 그러나 그녀의 생각을 부모님께 여러 번 말씀드렸지만 반대에 부딪혔습니다. 그 후 그녀는 어느 날 눈에 눈물이 맺힌 채 저에게 찾아와 자신의 꿈을 이루고 싶다고 했습니다. 그래서 저는 어떤 방식으로 부모님과 대화를 나누었는지 물어보았더니 단순히 외국에 나가서 여행도 하고 연극도 보고 싶다고 했다고 합니다. 저도 부모의 입장에서 보면, 딸이 홀로 유럽 여행을 한다는 것에 대해 학생의 부모님은 매우 걱정하실 거라는 점을 말해 주었습니다.

상황을 파악하고 나서 나는 그 학생에게 부모님을 설득시킬 수 있는 파워포인트를 준비하라고 했습니다. 그래서 그 학생은 한 달 동안 유럽에서 지내면서 사용할 여행경비, 호텔숙박비, 교통수단 및 시간, 여행자 보험, 연락처 등 모든 사항들을 챙겨서 부모님 앞에서 프레젠테이션을 하였고 결국 유럽여행에 관한 동의를 구할 수 있었습니다.

제가 이 이야기를 통해 여러분들께 하고자 하는 말은, 여러분들이 가지고 있는 꿈과 열정은 그저 단순한 기회가 아니라는 것입니다. 만약, 여러분이 무언가를 하고자 한다면, 계획을 세우고 그에 따른 조사 및 분석을 통해서 어떤 것이 필요한지 그리고 어떻게 계획을 세워서 진행을 해 나갈 것인지, 이러한 모든 것에 대해 준비를 철저히 해야 한다는 것입니다.

여러분이 무언가를 진정으로 하고자 한다면 그것을 얻기 위해 싸워야 합니다. 저는 우리 가족 중에서 가장 공부 못하는 학생이었지만 유일하게 박사학위를 갖게 되었습니다. 이 목표를 이루기까지 저는 너무나 힘들고, 눈물도 많이 흘리고, 수없이 포기하고 싶기도 했습니다. 하지만 비록 내 자신이 너무 많이 힘들었음에도 불구하고 내 자신의 방법으로 그것을 이루어냈으며, 그것은 매우 가치있는 일이며 내가 그토록 원했던 것이었음을 알게 되었습니다.

학생 여러분, 꿈의 성취가 힘들다거나 다른 학생들이 자신보다 더 나은 것 같더라도 꿈을 포기하지 말기 바랍니다. 여러분이 잘 할 수 있는 것에 집중하십시오. 다른 사람들이 여러분들에 대해 말하는 것이나 생각하는 것에 대해 너무 신경 쓰지 마십시오. 진정으로 하고 싶은 게 있다면 그것을 향해 정진하기 바랍니다.

라울 모레티 교수

학력: 1989 Florida State University 학사 (Multinational Business and Marketing)
1996 University of South Florida 석사 (Applied Linguistics)
2012 Korea University 박사 (International Marketing)

주요경력: 2009~2015 교수, 덕성여자대학교 국제무역학과
2015~현재 교수, 강원대학교 경영학과

〈삶은 꿈대로 된다〉

김용준(前 횡성고등학교 교감)

대학새내기들의 대학 입학을 진심으로 축하합니다. 대학동기이면서 이 책을 쓴 채병조 교수의 부탁을 받고 학생들에게 '권면의 글'을 쓰려고 하니 40여 년이 지난 나의 대학 시절 감회가 새롭습니다.

지난 35년 동안 교단에 있으면서 중·고등학생들에게는 수많은 말을 했지만 대학새내기인 여러분에게는 무슨 말을 할까 고민하다가 나의 대학 시절을 돌아보며 내 자신이 겪은 이야기를 하고자 합니다.

대학 시절, 나는 사범대학 학생은 아니었지만 중등교사에 큰 관심이 있었습니다. 그래서 힘든 ROTC훈련을 받으면서도 교직과목을 이수하는 등 교사가 되기 위한 모든 준비를 했습니다. 졸업 후 장교로 임관되었고 소정의 근무를 마치고 전역했습니다. 그러나 기대했던 교사임용 기회가 없어 일단 회사에 취업했습니다. 몇 년 후 다행히 기회가 되어 내가 원했던 교사로 임용되었습니다. 비록 시간이 걸렸지만 기대했던 꿈을 이룬 셈입니다. 그동안 주변에서는 포기하라고 했으나 다른 일을 하면서도 줄곧 미련을 버리지 못하였는데, 막상 임용되고 보니 그동안의 노력과 기대가 헛되지 않았다는 것을 느꼈습니다.

대학새내기 여러분, 이제 대학에 입학했으니 원하는 꿈을 가지고 그것을 위해 열심히 노력하길 바랍니다. "꿈을 계속 간직하고 있으면 반드시 실현할 때가 온다."라고 한 괴테의 말처럼 우리의 삶은 꿈대로 됩니다. 또한 "사람이 할 수 있는 일을 다 하고서 하늘의 뜻을 기다린다."라는 진인사대천명(盡人事而待天命)의 의미처럼 노력하고 기다리면 기회가 옵니다.

어쨌든, 나의 예뿐만이 아니라 주변의 동기들이나 선후배들을 보아도 꿈이 있는 사람은 꿈대로 살고, 꿈이 없는 사람은 되는대로 살아갑니다. 사람들은 '노력하라'고 합니다. 그런데 노력도 어떤 목표나 목적이 있어야 이룰 때까지 즐기며 할 수 있습니다.

아울러, 이 책에서도 언급되었지만, 꿈은 겉으로 그럴듯하게 보이는 모양보다 자신이 지닌 삶의 가치와 의미를 담은 것을 좇길 바랍니다. 즉, 삶은 남과의 비교(比較)가 아니라 소신(所信)입니다. 입시를 위해 획일적인 생활을 했던 공간에서 벗어나 이제 자유롭고 역동적인 대학에서 자신의 미래를 위해 마음껏 꿈의 날개를 펼쳐 보길 기원합니다.

〈궤도 밖의 세상을 체험하라〉

윤구(카길애그리퓨리나 부장)

부족한 제가 대학생들에게 꿈에 대한 권면의 글을 쓸 수 있어 진심으로 영광입니다. 저는 강원대학교 00학번이며, 이 책을 쓰신 채병조 교수님의 지도하에 석사과정까지 마치고 현재 미국계 다국적 기업인 카길애그리퓨리나에서 근무하고 있습니다.

저는 대학 때 성적이 좋은 학생은 아니었습니다. 9학기를 다녔었으니까요. 4학년 때 어느 날 교수님과의 진로상담을 계기로 대학원을 가게 되었고 그로 인해 지금은 적어도 제가 만족하는 큰 회사에서 열심히 일하고 있습니다. 학부 시절 상담이 기억납니다. 그때 교수님께서 저에게 '정말 원하는 것이 무엇인지' 물어봐 주셨습니다. 그리고 저는 취직하여 우리나라 축산업 발전에 기여하고 싶다고 했습니다. 그러자 교수님은 대학원에 진학하여 좀 더 전문지식을 쌓아서 나가라고 하셨습니다.

그런데 저는 가정형편상 빨리 돈을 벌어야 했습니다. 그러나 교수님은 지금의 힘든 환경 때문에 돈을 좇아가지 말고 꿈을 키워 보라고 하셔서 대학원에 진학하게 되었습니다. 물론 등록금은 교수님이 해결해 주셨습니다. 그렇게 하여 대학원에서 얻은 경험과 지식은 제가 지금의 회사에서 일하는 데 너무나 소중한 자산입니다.

학부 시절, 저는 성적이 그리 좋지 않았는데, 그것은 방황해서가 아닙니다. 가정형편이 어려워 돈도 벌어야 했고, 경험이 중요하다고 생각하여 그것을 쌓기 위해 많은 시간을 할애했기 때문이었습니다. 방학이면 농장(육계농장, 양돈장 등)에서 일을 하며 학비를 마련하였습니다. 동아리에 가입하여 봉사활동도 했습니다. 큰 회사의 동물원에서도 일해 보았고, 워킹홀리데이로 호주에서 1년간 지낸 적도 있습니다. 호주에서 영어는 잘 못했지만 중고차를 사서 아무 농장이나 스스로 찾아가서 일을 했습니다. 이러한 일들이 저에게는 너무나도 큰 경험이 되었고 세상을 보는 안목을 키우게 하였습니다.

제가 대학생들에게 하고 싶은 말이 있다면, '궤도 밖의 세상을 체험해야 한다.'는 것입니다. 이 말의 뜻은 일상의 대학 내 생활권을 벗어나 보라는 것입니다. 학부 시절, 작으나마 꿈을 이루기 위한 경험을 얻기 위해 국내외에서 무모하리만큼 뛰어다녔던 용기가 오늘의 저를 더욱 알차게 만들었고 앞으로의 삶에도 디딤돌이 될 것입니다. 해 보고 싶은 것이 있으면 부딪쳐 보아야 합니다. 그런 과정을 통해서 경험을 쌓게 되고 사람들을 만나며 그들에게서 도움도 받을 수 있게 됩니다. 이 글을 쓰면서 지금의 제가 있기까지 인연을 맺은 분들의 도움이 컸다는 생각이 새삼스럽게 듭니다.

꿈은 있으나 실천할 용기가 없어 고민하고 있습니까? 너무 길게 고민하지 마십시오. 우선 부딪쳐 보고 안 되면 주위 사람들에게 도움을 요청하기 바랍니다. 생각보다 많은 사람들이 우리들의 꿈을 응원해 주고 다양한 방법으로 도움을 주려 한다는 것을 느끼게 될 것입니다.

제가 꿈을 설계하고 키울 수 있게 도움을 주신 채병조 은사님을 비롯해 많은 분들께 이 지면을 빌어 감사의 인사를 드립니다. 대학원 시절 저의 부족한 면이 드러날 때마다 야단도 치셨지만 격려도 아끼지 않으셨던 교수님의 그 모습을 본받아 저도 주변 사람들에게 도움이 되는 사람이 될 수 있도록 더욱 노력하겠습니다.

끝으로 내가 만약 다시 대학생이 될 수 있다면, 더 큰 꿈을 품고 세계를 돌아다니며 다양한 경험을 쌓아 그 꿈을 마음껏 펼치며 살아갈 수 있도록 노력하겠습니다. 만약 학생으로서 꿈이 없다면 이 책을 읽고 멋진 꿈 하나 만들어 대학 생활을 즐겁게 하기 바랍니다. 감사합니다.

〈내가 다시 대학생이 된다면 이 부분은 소홀히 하고 싶지 않다!〉

1.

2.

3.

4.

5.

6.

7.

(예: 독서)

*** 이 주제로 존경하는 열 분의 말씀을 들어 보세요!**

차례

첫째 이야기

드디어 대학에 입학하다

둘째 이야기

꿈이 있는 삶이 즐겁다

셋째 이야기

꿈 설계 시 고려사항은 무엇일까?

넷째 이야기

꿈은 어떻게 해야 이루어질까?

다섯째 이야기

꿈을 품을 수 있는 마음가짐이 중요하다

여섯째 이야기

대학, 인생의 전환기로 만들자

시작하는 글

〈대학 생활을 보면 그의 미래가 보인다〉

나는 지난 20여 년 교수생활을 하면서 많은 제자들을 보아 왔습니다. 대학 시절 꿈을 가지고 무엇인가 열심히 한 제자들은 사회에 나가 원하는 자리에서 나름대로 주어진 역할을 잘 감당해 가고 있음을 봅니다. 반면에 특별한 꿈도 없이 공부도 열심히 하지 않은 제자가 잘살고 있다는 말은 아직까지 들은 적이 없습니다. 그래서 나는 대학 생활을 보면 그 사람의 미래를 알 수 있다고 확신합니다.

사실 꿈은 우리 삶의 설계도이기도 합니다. 건축 설계도를 보면 건물의 모습을 알 수 있듯이 꿈을 보면 그 사람의 미래 모습을 알 수 있습니다. 그래서 사람은 누구든지 꿈이 있어야 합니다. 꿈은 사람을 움직이는 힘이 있습니다. 꿈의 크기에 따라 동력도 달라집니다.

'꿈포생'이란 말이 있습니다. 나는 꿈포생이란 말을 '가진 꿈을 포기한 사람'이라기보다는 '꿈꾸기를 포기한 사람'이라고 표현하고 싶습니다. 가진 꿈이 마음에 들지 않으면 바꾸면 되지만, 아예 꿈꾸기를 포기하고 산다면 그것은 현실도피라 할 수 있습니다.

대학에 입학한 학생들과 상담해 보면 특별한 꿈이 없는 학생이 의외로 많습니다. 이건 우리 대학의 학생들만 그런 것은 아닙니다. 그래서 나는 교수생활을 하면서 학생들과 상담을 통해 나누었던 이야기의 일부를 통해 대학 생활, 더 나아가 앞으로의 사회생활에 대한 도움이 될 말을 내가 만나지 못한 학생들과도 나누고 싶었습니다. 대부분 평범한 대화내용이라 할 수 있지만, 대학생에게 있어 사실 그 이상 특별할 것도 없습니다. 이 책을 통해 학생들에게 하고 싶은 이야기는 이것입니다.

- 자신의 꿈(미래 삶의 목표와 목적)을 명쾌하게 설계해 보자.
- 왜 대학을 다니는지에 대한 확고한 의미를 부여해 보자.
- 한평생 지성인으로 품격을 지키며 살아갈 준비를 하자.

나는 학생들이 소박하더라도 진정 자신이 원하는 꿈을 설계하고,

열심히 노력해서 그 꿈을 이루기를 바랍니다. 처음부터 인생의 대박을 터트리려 하지 말아야 합니다. 그렇게 되기는 쉽지 않습니다. 작은 꿈이 큰 꿈으로 이어질 수 있습니다.

대학 생활 4년은 삶에서 너무나 중요한 시기입니다. 가슴속에 소박한 꿈 하나 품고 대학 생활을 즐겁게 하기 바랍니다. 그 꿈이 그대의 가슴을 뛰게 하고 그대 미래의 삶을 잉태하는 씨앗이 된다면 더 바랄 나위가 없을 것입니다. 언제 누가 "그대의 꿈이 무엇이냐?" 라고 물어도 거침없이 답할 수 있는 꿈을 가지기를 바랍니다.

끝으로, 이 책의 원고를 읽고 조언을 해 주신 박재인 교수님께 감사드립니다. 또한, 이 책의 출판에 힘써 주신 도서출판 행복에너지 권선복 사장님과 직원들에게도 진심으로 감사드립니다.

저자 **채병조**

첫째 이야기

드디어 대학에 입학하다

대학 입학을 진심으로 축하합니다. 1순위로 원하지 않았던 대학이라도 입학했으면 이제 대학생이 된 것입니다. 대학이 무엇을 하는 곳인지 제대로 알고 스스로 대학 생활에 잘 적응해야 할 것입니다. 대학 생활을 원만히 하기 위해서는 다음과 같은 4가지 질문에 답할 수 있어야 합니다.

- **왜 우리 학과에 왔는가?**
- **대학 입학, 공부에서 해방인가?**
- **대학 생활에 정석이 있는가?**
- **어떻게 하면 대학 생활을 즐겁게 할 수 있을까?**

교육이 한 인간을 양성하기 시작할 때의 방향이
훗날 그의 삶을 결정할 것이다.

– 플라톤(고대 그리스 철학자)

대학입학을 축하한다.
고맙습니다.

우리 학과엔 어떻게 왔어?
친한 친구하고 같이 왔어요.
전공도 맘에 들어요. 헤헤

그래. 잘 왔어. 열심히 해봐.
앞으로 많이
도와주세요.

다시 한번 축하해.
감사합니다.

왜 우리 학과에 왔는가?

교수: 학생은 왜 우리 학과에 왔니?

학생: 솔직히 말해서 적성보다는 수능성적에 맞추어 왔어요.

교수: 그래도 어떤 뜻이 있어 왔겠지?

학생: 아니요. 합격할 수 있는 학과를 찾다 보니 여기 왔어요. 대학은 집이 가까운 곳이라 제가 선택했고 학과는 진학지도 선생님이 추천해 주셔서 왔어요.

이 학생은 진학지도 선생님이 수능성적에 맞추어 우리 대학의 입학 가능한 학과를 추천해서 우리 학과에 입학했습니다. 특별히 선호하는 분야도 없었고, 우리 학과의 특성도 잘 모르고 있었습니다. 그럼에도 불구하고 이 학생은 우리 학과에 적응하여 대학 생활을 잘하고 있습니다.

나는 1997년 교수가 된 이래 학생들과의 상담 중 적지 않은 학생들에게서 "수능성적에 맞추어 왔습니다."란 말을 들어 왔습니다. 자신의 삶에 무책임하고 가치관이 결여되었다기보다 오히려 솔직해서 좋다는 생각이 들기도 합니다. 나는 여기서 대학 선택보다는 '전공 선택'에 관한 이야기를 하고자 합니다. 일부 자유전공학부를 제외하고, 이유야 어찌 됐든, 일단 대학에서 전공을 선택했으니 앞으로 이 전공을 어떻게 끌고 나아가야 할지 그것에 대해 잘 생각해 보자는 것입니다.

강원대학교가 2018년 신입생들을 대상으로 '학과 선택의 주된 이유'에 대해 설문조사를 한 결과가 있습니다. 학과선택에 있어서 합리적 요인으로는, 적성 29.8%, 이상실현 11.3%, 그리고 학문적 흥미가 17.7%인데 이들을 합하면 58.8%입니다. 비합리적 요인으로는 합격 가능성 17.9%와 주위의 권유 3.5%를 더하면 21.4%로서 낮은 비율이 아니라고 할 수 있습니다. 전국적으로 특수목적대학에 속한 학과는 이런 비합리적인 요인 비율이 낮지만, 경쟁이 낮은 학과일수록 그 비율이 높은 경향을 보입니다. 왜냐하면 일단 '입학하고 보자'는 생각으로 진학하는 학생이 많기 때문입니다.

〈학과선택의 주된 이유, 2,500명〉

• 적성고려	29.8%
• 취직전망	18.2%
• 합격가능성	17.9%
• 학문적 흥미	17.7%
• 자아실현	11.3%
• 주위의 권유	3.5%
• 기타	1.6%

이것은 비단 우리 대학만의 현상이 아닙니다. 가령 서울에 소재한 비교적 경쟁력이 높은 대학의 학생들은 모두가 삶에 뚜렷한 꿈이나 목표가 있어서 그 학과에 입학했을까요? 그렇지만은 않습니다. 성적이 허락하는 범위 내에서 그저 유명대학, 인기학과 위주로 진학하는 게 현실이기도 합니다. 권혁래가 쓴 『내가 왜 대학에 왔지?』란 책을 보면 서울 소재 대학을 다니는 한 학생의 글 중에 이런 표현이 있습니다. 오늘날 대학진학의 한 단면을 보여 주는 것이기도 합니다.

"나의 꿈을 실현하기 위해서라기보다 그저 부모님이 강요하고 또 남들이 다 가는 곳이므로 그렇게 대학진학을 선택했다…. 사실 수능 보기 전까지 ○○대학교라는 대학과 ○○학과라는 전공이 있다는 사실조차 알지 못했다. 그저 수능 점수에 맞춰 쓴 곳일 뿐이다."

확실한 꿈 없이 대학에 진학하는 학생들이 적지 않은 것은 안타까운 일이며, 그 이유는 여러 가지가 있을 것입니다. 여기서 그 이유를 일일이 이야기하고 싶지 않습니다. 그보다는, 일단 대학에 입학한 시점부터 시작하여 '자신의 꿈을 찾자'는 것을 말하고자 합니다.

대학에서는 꿈을 가지고 즐겁게 공부하여 사회에 나가서도 보람있게 살아야 합니다. 요즘 대학을 졸업하고도 취업이 안 되거나 경제적 독립을 하지 못해 부모에게 의존하며 살아가는 젊은이들이 적지 않습니다. 이들을 캥거루족(Kangaroo族)이라 부르는데 그 비율이 점차 증가하고 있다고 합니다. 결혼 후에도 여전히 캥거루족으로 남는 경우도 있어 그 연령대가 높아져 간다는 분석도 있습니다.

대학에 진학하는 것은 큰 축복이라 할 수 있습니다. 나는 베이비붐 세대로서 산업화 시대에 성장기를 거쳤습니다. 그때는 대학이 많지도 않았지만 경제적 어려움으로 인해 대학 진학률도 매우 낮았습니다. 베이비붐 세대들이 대학에 진학할 때인 70년대는 대학진학율이 20% 정도였습니다.

그러나, 근래 우리나라는 대학 진학률이 유난히 높은 나라가 되었습니다. OECD 국가 중에서 1위를 차지하고 있습니다. 통계청이 발표한 자료를 보면 2017년 기준 고졸자의 대학 진학률이 70% 정도입니다. 이 수치에 고졸 후 선취업 후진학까지 합한다면 대부분이 대학에 간다고 생각해도 크게 틀린 말이 아닙니다.

실제로 이제 대학은 누구나 갈 수 있는 곳이 되었습니다. 원하는 대학에 가기는 그리 쉽지 않을지라도, 아무 대학, 아무 학과라도 좋다고 생각하면 대학 입학은 어려운 일이 아닙니다. 그래서 대학에 진학하는 학생들 중 목적의식이 낮은 학생들이 많은 것 같다는 생각도 듭니다.

대학 입학, 일단 축하받을 일입니다. 꿈을 좇아 원해서 왔든, 수능 성적에 맞추어 왔든 상관없습니다. 원해서 선택했던 전공도 접해 보면 자신의 적성과 맞지 않을 수 있고, 얼떨결에 지원한 전공이 의외로 마음에 들 수도 있습니다.

대학에서 전공 선택은 매우 중요합니다. 졸업 후 사회에 나가 일하고 싶은 분야의 공부를 미리 해 두는 것이기 때문입니다. 전공선택과 관련하여 고대 그리스 철학자인 플라톤의 다음과 같은 말을 떠올려 보면 그 중요성을 알게 될 것입니다. 전공이 삶의 방향이란 의미이기도 합니다.

> **"교육이 한 인간을 양성하기 시작할 때의 방향이**
> **훗날 그의 삶을 결정할 것이다."**

만약, 선택한 전공이 마음에 들지 않는다면 이제 어떤 선택을 해야 할지 잘 생각해야 합니다. 이 책의 뒷부분에서 다루긴 했지만 쉽지 않은 결정이 될 것입니다.

졸업 후 전공과 다른 분야에서 일할 수도 있습니다. 취업포털 잡코리아가 대졸 직장인을 상대로 설문조사를 한 결과를 보면(2017년), '전공과 일치하는 직무의 일을 한다.'는 응답은 의학계열에서 43.3%로 가장 높았고, '어느 정도 유사 분야의 일을 하고 있다.'는 응답은 경상계열이 49.5%, 이공계열은 35.3%였습니다.

여기서, 필자가 대학 새내기에게 꼭 하고 싶은 말이 있습니다. 자신이 선택한 전공이 인기가 낮다고 해도 절대로 열등감을 갖지 말라는 것입니다. 전공 선택은 자신의 취향에 따라 결정하는 것입니다. 자신이 원해서 선택한 학과라면 자신감을 가지십시오. 그대의 전공이 인기분야가 아니라 해서 기죽을 필요 없습니다. 전공이 마음에 들지 않으면 재수 또는 삼수해서 원하는 분야로 가든가, 그렇지 못하면 입학한 전공에서 열심히 공부하면 됩니다.

대학 입학, 공부에서 해방인가?

교수: 학생, 1~2학년 GPA(성적)가 왜 이리 낮아?

학생: 입대하기 전에 좀 놀았어요.

교수: 제대한 지금도 별로 공부하는 것 같지 않은데?

학생: 학점이 낮은 과목 재수강도 하고 열심히 하고 있어요.

교수: 입학 때부터 열심히 하라 했는데… 그러다가 언제 졸업할 건가?

학생: 5년 정도 생각하고 있어요.

이 학생은 대학에 입학하여 군(軍)에 입대할 때까지 공부를 거의 하지 않은 경우입니다. '군생활을 하고 나서 잘하면 되겠지'라고 생각하고 허송세월하다 막상 군에서 제대해 보니 학점관리에 문제가 생겼음을 알게 되었습니다. 학점이 나쁘면 좋은 직장에 취업하기 쉽지 않다는 것을 알고 일부 과목을 재수강하고 있습니다.

"이제 대학에 입학했으니 좀 놀자!" 대학가에서 이런 말을 들어보지 못한 사람은 없을 것입니다. 대학을 가기 위해 준비하는 우리나라 고등학생들의 일상을 보면, 정규수업 외에 보충수업, 자율학습, 더 나아가 입시학원을 전전하며 하루 24시간이 부족할 정도로 공부에 전념합니다. 사생활은 거의 포기하다시피 하고 울타리 없는 감옥(?) 같은 생활을 합니다. 그런 생활을 한 학생들이 대학 입학

후엔 좀 놀고 싶은 것을 이해 못 하는 바는 아닙니다. 다만, 대학에 입학하는 것이 공부에서의 해방이라는 착각을 하고 있는 학생들이 있는 것 같아 아쉽습니다.

대학은 공부로부터의 해방이 아니라 새로운 시작임을 명심해야 합니다. 남학생의 경우 군대 문제를 해결한 뒤에 열심히 하겠다고 하는 경우가 있는데 결코 옳지 못한 생각입니다. 군에 가기 전에 학점관리를 소홀히 해 복학한 후에 재수강을 하는 것은 시간낭비입니다. 그렇다고 낮은 학점으로 그대로 졸업한다면 취업에 문제가 될 것입니다.

대학 생활은 시간을 아껴 가며 효율적으로 해야 합니다. 적당히 시간만 보내면 결과가 좋지 않습니다. 대학 생활, 길 것 같아도 금방 지나갑니다. 대학에서 자유, 낭만, 청춘 운운하며 허송세월하다 보면 졸업이야 하겠지만 중요한 것들을 많이 놓치게 되고 시간도 많이 소요됩니다. 자유를 즐기며 놀더라도 확고한 목적의식은 있어야 합니다.

4년제 대학을 기준으로 실제로 대학생들이 학교를 졸업하는 데 몇 년이 걸릴까요?

취업포털 잡코리아와 아르바이트포털 알바몬이 2018년 2월 졸업대상자 583명을 대상으로 설문조사를 실시한 결과를 보면, 군대를 갔다 와야 하는 남학생들의 경우 6.2년, 여학생의 경우에는 4.8년이 소요되었다고 합니다. 4년 만에 졸업하지 못하는 학생이 많습니다.

- 남학생: 6.2년
- 여학생: 4.8년

미국의 경우, LA중앙일보(2016년 9월 20일)에 게재된 자료에 의하면, 2014년 7월~2015년 6월 사이 졸업한 4년제 대학생 140만 명을 대상으로 조사한 결과 졸업에 소요된 기간은 다음과 같았습니다.

- 주립대: 5.6년
- 사립대: 5.4년

나의 경험에 의하면, 미국은 학점 따기가 그리 쉽지 않아 졸업이 늦어지는 경우가 대부분이지만 우리나라는 학점 때문이라기보다 취업을 위한 스펙 쌓기 등으로 졸업을 늦추는 경향이 있습니다. 4년간 열심히 하면 되는데 입학 후에 적당히 하다 보니 이런 결과가 온다고 해도 틀린 말은 아닙니다. 대부분의 학생들이 1~2학년 때 공부에 소홀하여 학점이 낮습니다.

대학 입학은 인생에서 중요한 시작점에 선 것임을 명심해야 합니다. 입학 전에 어떤 생각을 해 왔든, 공부를 어떻게 했든 상관하지 말고 대학 생활 4년 동안엔 과연 무엇을 할지 잘 생각하며 매 학기를 알차게 보내야 합니다. '하다가 보면 뭐가 되겠지.'라고 생각하면 절대 안 됩니다.

노는 것이나 쉬는 것, 우리 삶에 다 필요합니다. 그러나 어떤 이유이든 학생은 공부를 소홀히 해서는 안 됩니다. 대학에서는 고등학교 이상으로 공부가 중요합니다. 한 가지 예를 들어 보겠습니다. 대학 시절 공무원 시험으로 한 학생은 7급 혹은 5급 공무원, 다른 학생은 9급 공무원이 되어 동일한 분야에서 일한다고 보면, 공무원이 아니라 일반 직장인이라 하더라도, 다음의 빌 게이츠의 말이 실감이 날 것입니다.

> "공부밖에 모르는 '바보'한테 잘 보여라. 사회에 나온 다음에는 아마 그 '바보' 밑에서 일하게 될지도 모른다."

공무원이라도 직급에 따른 차이는 여러 가지 면에서 너무나 큽니다. 일반 회사에 취업해도 마찬가지입니다. 이런 사실을 대학 시절에 느낀다면 아마 공부를 소홀히 할 학생이 없을 것입니다.

나는 학생들과 상담할 때 늘 하는 질문이 있습니다. 특히 공부를 잘 안 하고 빈둥거리는 학생들을 만나면 반드시 그러합니다. 왜냐하면 학생이라면 이 질문에 답할 수 있어야 한다고 생각해서입니다. 공부를 소홀히 한다면, 특별히 잘하는 무엇인가가 있어야 합니다. 그래도 공부는 기본입니다.

내가 이런 질문을 하는 것은 결코 학생을 질책하기 위한 것이 아니라 동기부여를 하기 위한 것입니다.

"왜 대학을 다니고 있는가?"

대학 생활을 시작하면서 가장 중요하게 생각해야 할 것이 바로 '대학생으로서의 정체성'입니다. 대학에 입학하고 나서 대학 생활을 겪어 보면 입학 전에 가졌던 생각과는 괴리감이 느껴질 수도 있습니다. 이상과 현실은 늘 차이가 납니다. 학교생활, 전공 등에 혼돈과 고민이 많은 학생들은 정체성의 혼란을 겪고 있다고 할 수도 있습니다. 이 시기를 괴로워하거나 대충 보내지 말고 진지하게 자신의 길을 찾아가는 숙고의 시기로 여겨 보십시오.

대학 생활에 정석이 있는가?

교수: 학생, 요즘 학교생활 어떻게 하고 있어?

학생: 학점관리나 겨우 하고 그냥 보내는 셈이지요.

교수: '학점 따고 졸업이나 하자'는 식으로 학교 다녀?

학생: 저는 그 정도인 거 같아요.

교수: 음 그래? 학점이 대학 생활의 전부인가?

이 학생은 대학 생활을 매우 소극적으로 하고 있는 경우입니다. 수업에 출석하여 겨우 학점관리나 하고 자기계발(Self improvement)을 위한 별도의 활동은 거의 하지 않습니다. 그렇다고 성적이 그리 좋지도 않습니다. 물론 아르바이트도 하지 않습니다. 그러나 몇 차례 상담을 통해 대학에서 학점 취득 외 스스로 무엇을 해야 하는지 생각해 보는 계기가 되었다고 합니다.

대학에서 학생들의 생활을 들여다보면 그야말로 천차만별입니다. 대학은 고등학교 때의 획일적인 일상과는 너무나 달라서 같은 학과라 하더라도 수강과목부터 서로 다릅니다. 근래에는 전공필수 과목이 적고 선택과목이 많아졌습니다. 그러니 같은 학과 학생들

간에도 수강과목을 비롯한 학교 생활이 다를 수밖에 없습니다.

결론적으로 말해서, 대학 생활에는 정석이 없다고 할 수 있습니다. 자신의 취향대로 하는 것입니다. 그러나 대학 생활의 질(質)이 향후 그의 삶에 큰 영향을 미친다는 것은 분명합니다. 앞에서도 언급했지만 나는 지난 20여 년간 대학에서 학생들을 대하면서 '대학 생활을 잘하는 학생이 졸업 후 사회생활도 잘한다.'는 점을 몸소 느끼고 있습니다. 내가 대학을 다닐 때의 동기나 아는 선후배들을 보아도 그렇습니다.

교수생활을 하면서 학생들로부터 "대학 생활을 어떻게 하는 것이 좋습니까?"란 질문을 받을 때가 가끔 있습니다. 그럴 때마다 나는 질문한 학생들에게 적절한 답을 주지 못하고 있습니다. 왜냐하면 대학은 획일적인 교육의 장이 아니기 때문입니다.

다만 아래와 같은 4가지 사항에 대해서는 많은 이야기를 나누고 있습니다. 보편적인 주제이기 때문입니다. 대학생으로서 챙겨야 할 것이 많겠지만, 수강과목 선택, 아르바이트, 외국어 공부, 그리고 이성교제가 중요한 사항들이라 생각하고 나의 생각을 전달합니다.

- 수강과목 선택– 선택 과목에서 학점을 따기 쉬운 것보다 자신의 미래에 확실히 도움이 되는 것을 선택한다.

- 아르바이트– 공부에 지장이 없을 정도의 시간만을 할애한다.
- 외국어공부(예: 토익)– 점수 위주보다 외국인과 실제 대화를 할 수 있는 실질적인 공부를 한다.
- 이성교제– 서로 도움이 되는 상대(Win–Win)를 만나야 하며 상처받을 선을 넘지 않는다.

위의 4가지 중, 수강과목 선택은 특별히 중요합니다. 전공필수과목은 당연히 수강해야 하지만, 타 학과에 좋은 과목이 있다면 복수전공이 아니더라도 수강해야 합니다. 삶에 도움이 되는 교양과목을 가능한 한 많이 수강하도록 하십시오. 학부생 시절의 공부는 학문의 '깊이'보다 '넓이'입니다. 다양한 분야의 지식을 섭렵하는 가운데 자신의 취향을 발견할 수도 있습니다.

아르바이트로 돈을 버는 것도 중요한 일입니다. 만약 가정형편이 넉넉지 못하다면 아르바이트는 필수일 것입니다. 그러나 아르바이트가 학교생활에 지장을 줄 정도면 옳지 않습니다. 아르바이트는 사회를 알기 위한 약간의 체험이나 최소한의 생활비를 벌기 위한 수단이어야 합니다. 학비가 문제가 된다면 공부를 열심히 해서 장학금을 받는 게 낫습니다. 부족한 학비는 대출을 받고, 열심히 공부해서 원하는 곳에 취업해야지 아르바이트로 인해 공부를 소홀히 해서 취업이 제대로 안 된다면 그것이 더 어리석은 일이 될 것입니다.

또 하나 빼놓을 수 없는 것이 외국어 공부입니다. 국제화 시대에 외국어 1~2개는 구사할 수 있어야 합니다. 최소한 영어 정도는 해야 합니다. 앞으로는 영어보다 중국어가 더 중요해질 수도 있습니다. 어쨌든, 외국어 공부는 읽기(Reading), 듣기(Listening), 쓰기(Writing), 그리고 말하기(Speaking)가 다 되어야 합니다. 외국어 공부는 장기간 특별히 준비해야 하니 인내를 가지고 즐기며 하겠다는 마음을 가지면 좋습니다.

다음은 달라이 라마가 1998년 5월 11일 에머리(Emory) 대학 졸업식에서 했던 축사의 일부입니다. 연설내용이 좋아 대학생들에게 도움이 될 것 같다는 생각으로 인용해 봅니다. 또한 대학생으로서 이 글을 읽을 때 쉽게 이해가 되지 않거나, 원어민으로부터 직접 들을 때 잘 들리지 않는다면 서둘러 영어공부에 매진해야 합니다. 나는 교수가 되기 전 직장에서 근무할 때 영어를 잘 못해 불이익을 감수해야 하는 직원들의 모습을 많이 보았습니다. 글로벌 시대, 영어는 이제 보험(?)이 아니라 필수입니다. 과거엔 영어를 사용하는 회사에서 일할 때만 필요하다고 해서 보험이라 했지만, 지금은 대부분의 직장에서 영어가 활용됨을 잊지 마십시오.

One of the unique things about humanity is the special human brain. We have the capacity to think and to memorize. We have something that can have very very special qualities.

Because of that, education becomes very important. I believe that education is like an instrument. Whether that instrument, that device, is used properly or constructively or in a different way depends on the user. We have education on the one hand; on the other hand, we have a good person. A good person means someone with a good heart, a sense of commitment, a sense of responsibility. Education and the warm heart, the compassionate heart – if you combine these two, then your education, your knowledge, will be constructive. Then you are yourself then becoming a happy person.

대학 생활에서 이성교제도 중요한 부분입니다. 사람이 성장하면서 이성을 만나는 것은 당연한 일입니다. 다만 이성교제는 건전해야 합니다. 나는 대학 주변에서 "혼전동거를 하는 학생들이 늘고 있다."는 말을 들을 때마다 '요즘 학생들은 너무 개방적이다.'란 생각을 하게 됩니다. 인터넷(썸랩 윤정아 에디터, 2018. 2. 1)에서 혼전동거에 대한 이야기를 읽었습니다. 혼전동거에 관한 질문에 답한 어머니들의 의견은 대개 부정적인데, 여기서 한 가지 깊이 생각해 볼 사항은 혼전동거가 미래 배우자와의 관계에 있어서 불안요소로 작용할 수 있느냐는 논제입니다.

Q: 엄마, 혼전동거 하는 사람들 어떻게 생각해?

A: 연애는 많이 해 본 사람이 사는 데 도움이 되는 것 같지만 혼전동거를 서로 알게 되면 결코 좋아하지 않을 것이다. 결국 다 숨기고 결혼하는 거지. 아무리 시대가 개방적으로 바뀌었다 해도 떳떳하게 말할 사람은 없을 것이다. 혼전동거를 했던 과거 자체가 새로운 누군가와 만났을 때 상호간의 신뢰형성에 영향을 미치고 결혼생활 내내 불안과 의심을 낳아 정상적인 부부생활이 어려울 거라고 생각한다.

혼전동거, 그대는 어떻게 생각합니까? 선택은 자유이지만 지금 당장이 아니라 미래에도 내가 이 선택을 후회하지 않을까 생각해 보는 것은 중요한 일입니다. 이성교제는 둘만의 문제이기 때문에 남이 개입하기 어렵지만, 적어도 자신은 결과에 대해서 책임을 져야 하므로 신중한 것이 좋다고 생각합니다.

한편, 대학생들 사이에서 '스펙쌓기'에 관한 이야기를 많이 합니다. 대개 취업을 염두에 두고 하는 이야기입니다. 졸업 후 취업은 중요한 일이니 당연히 그런 이야기를 할 수밖에 없습니다.

그런데 여기서 스펙쌓기를 회사에서 원하는 인재상과 연계해 생각해 볼 필요가 있습니다. 학생 입장에서 보면 스펙쌓기가 곧 인재상을 구축하는 것이라 생각할 수도 있지만, 스펙을 쌓을 때에도 사회에 나가 각광받는 인재가 되기 위한 요인이 정확히 무엇인지는 알고 있어야 합니다.

대한상공회의소가 수도권 기업이 추구하는 인재상에 대한 조사(2012)에서, 신입사원에게 부족한 항목이 무엇인지 다음과 같이 제시했습니다. 살펴보면 실무능력이 가장 부족한 것으로 보입니다(복수응답). 이런 내용을 참고하여 대학 생활을 어떻게 보내야 할지 생각해 보면 좋겠습니다.

〈신입사원에게 부족한 인재상, 복수응답〉

- 실무능력: 28.2%
- 전문성: 21.0%
- 성실성 · 책임감: 20.7%
- 주인의식 · 충성심: 17.4%
- 창의성: 16.7%
- 도전정신: 11.1%
- 위기대처 순발력: 10.2%

만약 자신이 여기에서 열거한 항목 중에서 부족한 것이 있다고 판단한다면 보완할 수 있는 방법을 스스로 찾아야 합니다. 이러한 것들은 대학에서 강의를 통해서 얻어질 수 있는 게 많지 않습니다. 별도의 노력이 필요합니다. 아침에 일어나서 잠자리에 들 때까지 자기 자신의 생각과 행동을 늘 점검하며 잘못된 것이나 부족한 것을 수정 및 보완해 나갈 필요가 있습니다. 물론 이러한 사항은 졸업 후에도 지속적으로 챙겨 나가야 할 것들입니다.

마지막으로, 한 가지 더 하고 싶은 이야기가 있습니다. 대학 생활을 하면서 건전한 자아상을 확립하는 일이 중요하다는 것입니다. 자아상은 대학입학 전에 이미 상당 부분 형성되지만, 그럼에도 불구하고 자신의 모습을 제대로 보고 더욱 훌륭한 인재로서 건전한 자아상을 가지기 위해 꾸준히 스스로를 갈고 닦아야 합니다. 대학 생활 4년을 무엇을 하며 보냈는지는 그 사람의 미래에 엄청난 영향을 끼칩니다.

미국의 심리학자 매슬로우는 인간의 욕구를 5단계로 구분하였습니다. 낮은 단계는 생리적인 욕구와 안전에 관한 욕구입니다. 즉, 의식주의 해결과 외부 위험으로부터 자신을 보호하려는 욕구입니다. 의식주나 안전에만 연연한다면 굳이 대학을 다닐 필요가 없다고 할 수도 있습니다. 고등학교를 졸업하고 사회에 나가도 아무 문제가 없습니다. 오히려 그들의 욕구 실현 단계가 높은 경우도 많습니다.

그러나 대학을 다닌다면 자아실현과 같은 높은 단계의 욕구수준에 도전해야 합니다. 대학을 졸업하고 사회 지도층으로 존경받는 사람으로 살아갈 수 있다면 재력에 관계없이 성공한 사람이라 할 수 있습니다. 이는 사회적 지위에 상응하는 도덕적 의무를 지닌 '노블리스 오블리제' 정신이 있어야 한다는 뜻이기도 합니다.

주변을 돌아보면 대학을 나오지 않아도 존경받으며 사는 사람들이 적지 않습니다. 나는 그런 사람들을 만날 때마다 내 자신을 돌아보고 부족한 부분에 대해 부끄럽게 생각하며 그 부분을 메우려고 지금도 노력하고 있습니다. 대학새내기 여러분도 대학 시절부터 이런 고민을 하며 살아야 합니다.

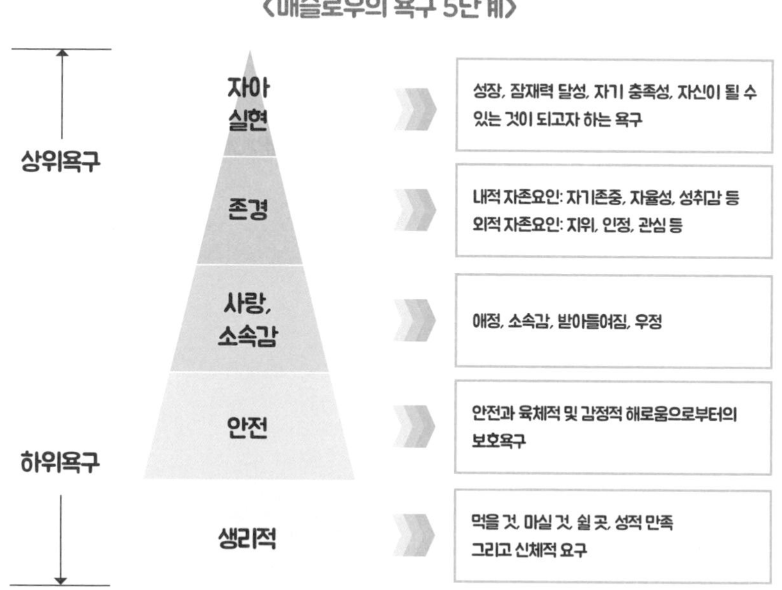

어떻게 하면 대학 생활을 즐겁게 할 수 있을까?

학생: 교수님, 저 대학을 자퇴하고 싶어요.

교수: 왜 그래? 집안에 뭐 중대한 일이라도 있는가?

학생: 아니요. 대학 다니는 게 솔직히 재미가 없어서 그래요.

교수: 대학 다니면서 목표나 목적을 가진 게 있어?
대학을 그만두고 하고 싶은 거라도 있어?

학생: 없어요.

교수: 그러니 대학 생활이 즐겁지 못하지. 안 그래?
졸업 후 냉혹한 사회생활을 생각해 보면 그런 생각이 들까?

앞에서 학생은 '왜 대학을 다니고 있는가?'란 질문에 답할 수 있어야 한다고 강조했습니다. 이것은 그러한 질문에 답을 찾지 못해서 대학 생활이 재미없다고 자퇴하고 싶다고 하는 학생과의 대화 중 일부입니다. 왜 대학을 다니는지, 꼭 대학을 졸업해야 하는지, 그리고 대학을 졸업하고 무슨 일을 하겠는지 등등 대학 생활에 아무런 의미를 갖지 못하고 있습니다. 그러나 이 학생은 몇 차례 상담을 통해 자신의 삶과 미래 자신의 모습을 조명해 보며 자퇴를 하지 않고 '왜 대학을 다녀야 되는지'에 대한 답을 찾아 대학 생활을 새롭게 하게 되었습니다.

이 학생은 앞에서 언급한 학생(대학은 다니지만 효율적인 대학 생활이 무엇인지 모르는 학생)과는 다른 사례입니다. 아무런 의미 없이 대학을 다니고 있으니 재미가 없다는 것입니다. 실제로 대학에 진학한 학생 중에는 부모의 강요, 남들이 가니까, 또는 고졸 후 취업은 이른 것 같아 등, 본인은 싫은데 억지로 다니는 학생이 많지는 않지만 가끔 있습니다. 이런 학생은 대학을 다니지 않고 다른 것을 하고 싶은 것이 있으면 다행인데 그렇지도 못하니 문제입니다. 물론 많지는 않지만 이런 학생을 수용할 공간이 있다는 게 우리나라 대학의 현실이라면 양적 질적인 면에서 크게 구조조정을 해야 할 부분이기도 합니다. 대학에서 교수들이 시험점수가 낮아 F학점을 받아야 할 학생들에게 상대평가란 명목하에 C 또는 D학점을 부여하는 경우가 있습니다. 이들의 평균성적(GPA)은 2.0 전후로 겨우 졸업이나 하는 정도인데, 의미없는 대학을 다니고 있다고 할 수 있습니다.

왜 대학 생활이 즐겁지 못할까요? 그 답은 간단합니다. 당연한 이야기이긴 하나 목적의식이 없기 때문입니다. 이러한 이야기는 세상에 살면서 삶의 의미를 찾지 못한 것과 다를 바 없습니다. 대학을 다니는 목적이 뚜렷하지 못하다면 대학 생활이 당연히 재미가 없습니다. 이런 경우 대학에서 공부가 무슨 의미가 있겠습니까? 학점을 따기 위해 공부를 해도 시험이 끝나면 아무것도 남는 것이 없을 것입니다. 레오나르도 다빈치가 한 말을 새겨 볼 필요가 있습니다.

"목적 없는 공부는 기억에 해가 될 뿐이며, 머릿속에 들어온 어떤 것도 간직하지 못한다."

다시 말해서, 대학 생활을 가치 있고 즐겁게 하려면 자신이 원하는 크고 작은 목표를 세우고 그것을 이루기 위해 열심히 생활해야 합니다. 나는 대학에 입학한 후, 솔직히 말해서 2학년 1학기까지는 허송세월했습니다. ROTC 훈련을 받고 장교로 군 생활을 하고 적당히 취업해서 살겠다는 생각에 공부를 그리 열심히 하지 않았습니다. 그러니 당연히 대학 생활이 즐겁거나 보람되지 않았습니다.

그런 가운데, 대학 2학년의 여름방학 어느 날, 나는 나의 훗날을 비교적 자세히 그려 보았습니다. 마치 바둑을 두는 기사가 돌 하나를 놓기 위해 장고에 들어간 듯한 시간을 가졌습니다. 대학에 입학할 때 나에게는 분명한 꿈이 있었지만 입학 후엔 상당히 무뎌져 있다는 사실도 알게 되었습니다.

"대학을 졸업하면 무엇을 하게 될까?"
"취업을 하면 내 삶은 어떤 모양일까?"
"60대가 되어 은퇴할 때면 나의 삶이 보람 있었다고 생각할 수 있을까?"

등등 많은 생각을 하였습니다. 그렇게 해서 얻은 결론이 ROTC

를 포기하고 대학원에 진학하여 한 분야의 전문가가 되기로 한 것이었습니다. 단순히 어디든 그럭저럭 취업하여 직장인으로 사는 게 아니라, 대학원에 진학하여 한 분야의 전문가가 되겠다고 생각하기 시작하자 나의 부족한 부분이 무엇인지를 금방 알게 되었고, 왜 공부를 해야 하는지에 대한 답도 생겨났습니다. 억지로 하던 공부를 훨씬 즐겁게 하게 되었습니다.

대학원을 진학한 이래, 지금까지 나는 내 삶과 미래를 비교적 구체적으로 조율하며 살아왔습니다. 나에게 교수란 자리는 네 번째 직장입니다. 첫 직장으로 대학의 교수 자리는 당시 나의 여건으로는 어려웠습니다. 그런 가운데 교수가 되기 전 직장을 3군데 거쳤는데 우연이 아니라 항상 더 진취적인 목표를 정해 놓고 결정한 것이기에 삶이 늘 도전적이었으며 즐거웠고, 마침내 교수 자리에 이르렀다고 생각합니다.

자신의 꿈과 생각을 바탕으로, 살아가면서 도전할 목표와 변화되어 가는 자신의 모습을 상상하여 1년 단위로 기록해 보기 바랍니다(60p 참고). 아마 자신의 삶에 더 충실해질 수 있을 것입니다. 만약, 중간에 꿈이 바뀌면 바뀐 대로 기록하면 됩니다. 세상이 변하듯 우리의 생각과 삶도 변할 수 있습니다. 우리의 삶은 현실에 대한 안주(Complacency)가 아니라 새로운 세상에 대한 도전(Challenge)이 되어야 합니다.

다시 말해서, 대학에 입학해서 졸업 후 진로에 대한 목표를 구체적으로 세우면 대학 생활을 즐겁게 할 수 있습니다. 목표는 다양한 부분에서 찾을 수 있습니다. 스펙을 쌓겠다거나 진로에 대한 목표는 당연하지만, 자신의 내면에 잠자고 있는 잠재력(Potential)을 깨워 보겠다는 생각도 좋을 것입니다.

사람이 노력하면 안 되는 일이 없습니다. 한 가지 예를 들어 보겠습니다. 나는 초등학교 시절, 물에 빠져 죽을 지경에 처한 경험이 있어 수영을 배우지 않아 수영을 거의 못 하며 살아왔습니다. 그런데 지난해 가을부터 수영을 배워 1년이 지난 지금은 수영을 예상외로 잘하고 있습니다. 그간 가졌던 "나는 수영을 못 하는 사람이다."란 고정관념이 사라졌습니다. 노력해 보지도 않고 안 된다고 생각했던 내가 얼마나 어리석었는지 깨달았습니다.

이런 사소한 것들이 우리에게 행복을 안겨 주고 삶을 보다 즐겁게 해 줍니다. 소확행(小確幸)이란 바로 그런 것이란 생각이 듭니다. 자신의 부족한 점을 찾아 보완해 가면서 대학 시절을 보낸다면 얼마나 즐거울까요?

어쨌든, 대학 생활을 즐겁게 할 수 있어야 합니다. 참고로 중국 지린성 창춘시에 있는 지린대학 경제금융대학원 리샤오 원장이 2018년 6월 2일 졸업생들 앞에서 연설을 했는데, 큰 공감을 불러

일으켰다고 해서 일부를 소개해 보고자 합니다(주간조선, 2018. 7. 9). 대학을 다니면서 이런 내용들은 한번쯤 되새겨 볼 만한데, 나는 여기서 '관용'이란 단어에 의미를 부여하고 싶습니다. 관용(Tolerance)이란 포용력을 의미합니다. 우리의 얼굴이 다르듯 생각, 행동, 관습, 가치관 등도 서로 다를 수 있습니다. 자신과 다르면 그것을 '틀렸다'고 적대시하는 사람들이 적지 않습니다. 다름을 넘어 틀린 것도 때로는 너그럽게 받아들일 수 있는 아량이 필요합니다. 관용은 소통과 공감이자 배려이기도 합니다. 지금 세상은 어쩌면 분노로 꽉 찬 느낌이 들기도 합니다. 이런 시대일수록 관용이 더 절실히 필요합니다. 관용은 패배가 아니라 승리의 디딤돌이 될 것입니다.

"그러면 여러분들이 앞으로 해야 할 일과 가져야 할 희망에 대해 몇 가지 당부를 하겠다. 무엇보다도 세계를 어떻게 볼 것인가, 세계를 어떻게 생각해야 할 것인가, 세계를 어떻게 맛볼 것인가에 대한 학습능력을 키워야 한다고 당부하고자 한다. 시야를 넓히고, 많은 인류가 어떻게 우리와 다른지를 알아야 하고, 더욱 넓은 관용을 배워야 한다. 관용이야말로 인류 최고의 지혜라고 할 수 있다. 다음으로 독립적으로 사고하는 능력을 길러야 한다. 나는 '아바타'라는 영화를 본 일이 있는데, 그 영화의 감독 제임스 캐머런이 왜 그 영화를 찍었는지를 생각해 보았다. 그 이유는 인류의 상상력의 한계를 시험해 보기 위한 것이었다. 유년 시대의 환상과 호기심을 70세가 넘은 나이에도 여전히 가지고 있다는 점이 놀라웠다."

〈나의 꿈과 성취 과정〉

년, 월	현재 위치	목표(꿈)	성취를 위한 활동

* 향후 10년간 매년 자신의 상황을 기록한다.

<이야기 코너>

적성을 찾아 재입학한 제자 이야기

저는 서울에서 중·고등학교를 다녔고 서울에 위치한 4년제 대학의 경제학과에 입학하여 2년을 다니고 자퇴한 후 강원대학교 동물자원과학과에 다시 입학하였습니다.

솔직히 말해서 저는 대학에 입학할 때까지 특별한 꿈이 없었습니다. 그저 서울 소재의 4년제 대학에 입학하면 가족들에게 '체면은 서겠다.' 싶어 성적에 맞추어 진학했습니다.

하지만 막상 입학해서 공부하다 보니 제 적성과는 맞지 않았습니다. 부모님과의 오랜 논의 끝에 전공을 바꿨습니다. 예전부터 동물에 관심이 많았기 때문에 그 후에는 억지 공부가 아닌 즐거운 공부를 할 수 있었습니다.

서울 소재 대학의 비교적 인기학과를 내치고 지방대학으로 온 저의 역발상에 다소 의아해하는 사람들이 있는 것도 사실입니다. 그러나 제가 좋아해서 하는 일이니 절대 후회하지 않습니다. 대학을 졸업한 후에도 공부가 재미있어 대학원에 진학해서 석사를 마치고 지금은 연구직 공무원이 되었습니다.

앞으로 보다 능력 있는 전문가로 활동하기 위해 지금은 박사과정 공부도 하고 있습니다.

사실 저는 중·고등학교 시절, 심지어 대학에 입학해서도 꿈에 대한 이야기를 거의 하지 못했습니다. 또한 제 주변에 자신의 꿈에 대하여 자신 있게 말하는 학우들이 많지 않을뿐더러 막연하게 생각하는 경우가 많았습니다.

강원대학교에 와서 채병조 교수님을 만나면서 꿈의 중요성을 알게 되었습니다. "막연한 꿈은 꿈이 아니다."라는 말씀에 저는 꿈을 구체화하기 시작했습니다. 나의 중·고등학교 시절을 돌아보면 내 꿈을 찾을 수 있는 시간적·공간적 여유가 없었습니다. 그 결과 대학에 진학할 때 성적에 맞춰 학교와 학과를 선택했던 것이 얼마나 어리석은 행동이었는지 이제야 깨달았습니다.

저와 비슷한 청소년기를 보내고 있을 후배들에게 공부도 좋지만 꿈을 찾아 나서라고 말하고 싶습니다. 공부를 하더라도 자신이 좋아하는 것을 해야 합니다. 그리하여 저와 같은 시행착오를 겪지 않길 바랍니다. 감사합니다.(강원대 09학번 오승민)

〈좋아하는 일을 하며 살면 즐겁습니다〉

<자기계발 코너>

대학 생활 구상해 보기

1. 4년간 수강할 자신의 Curriculum을 만들어 보자.

2. 대학 4년간의 학점취득 외의 목표를 세워 보자.(독서, 어학 등)

3. 졸업 후 취업 희망분야를 체험(인턴)해 보자.(어느 곳을 언제 할 것인가)

4. 학내 동아리를 파악해 보고 가입하자.

5. 자신의 부족한 부분을 찾고 그것을 채울 특별 프로그램을 세워 보자.
   (예: 프리젠테이션 스킬, 1 장기(talent) 갖기 등)

6. 졸업을 앞둔 자신의 모습을 그려 보자.

둘째 이야기

꿈이 있는 삶이 즐겁다

삶이 지루하거나 무의미하다는 생각이 들 때가 있습니까? 그것은 아마 특별한 꿈이 없기 때문일 것입니다. 대학 시절을 꿈 없이 보내면 훗날 인생에서 가장 큰 후회가 될 것입니다. 더 좋은 미래를 개척한다는 의미에서 다음과 같은 사항으로 자신의 모습을 들여다보기 바랍니다.

- **아직도 꿈이 없다고?**
- **꿈 없이 살면 훗날 하기 싫은 일 하며 산다**
- **삶의 가치관이 변하면 꿈도 바뀐다**
- **결정이나 선택을 자꾸 미루지 말라**

"농고를 졸업하고 농사일을 하게 되었지만 그 당시 허랑방탕한 시기를 보내고 있었습니다. 그것은 내가 처한 현실이 문제가 아니라 꿈이 없었기 때문입니다. 그대로 살기에는 내 삶이 너무나 무의미하게 느껴졌습니다. 솔직히 말해 농사꾼 자체가 싫은 것이 아니라 마음속에 뭔가 더 의미 있는 일을 하고 싶은 욕구가 있었습니다."
– 본문 중에서

너 꿈이 뭐야?
아직 잘 모르겠어~

꿈 하나 없이 무슨 공부를 하려고?
COF

그냥 하는거지~
뭐라도 되지 않겠어?

에휴... 모르겠다.
그냥 하지 말까?

아직도 꿈이 없다고?

교수: 학생은 꿈이 뭐야?

학생: 아직 없어요.

교수: 그래도 장차 하고 싶은 것이 있을 것 아닌가?

학생: 아직 생각해 보지 않았어요.

교수: 그래. 우리 같이 꿈 한번 찾아보자.

학생: 예.

이 학생은 상담하기 전에는 꿈이 없었습니다. 그러나 몇 차례 상담을 하면서 소박하지만 자신의 꿈을 찾았습니다. 중·고등학교 시절에는 대학에 가기만 하면 되겠다는 생각을 했지 정작 자신의 꿈에 대해서는 아무런 생각도 하지 않았다고 합니다. 우리 학과에 온 것도 앞에서 상담한 학생처럼 수능성적에 맞춰서 온 경우입니다.

나는 지금까지 대학에서 저학년 학생들과 상담할 때 "아직 꿈이 없습니다."라는 말을 많이 들었습니다. 이젠 꿈이 없다는 말이 별로 이상하게 들리지 않기도 합니다. 왜냐하면 내가 상담한 학생들 중 명확한 꿈이 있다는 학생보다 없다는 학생이

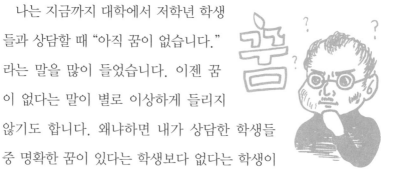

더 많기 때문입니다.

사람이 성장기에 꿈이 없다고 생각하면 하루하루의 삶이 어떨까요? 아마 공부를 해도 그닥 흥미를 느끼지 못하거나 늘 무료할 것입니다. 꿈은 크든 작든 일단 가져야 합니다. 그래야 사는 게 신바람이 납니다. 우리의 삶에 있어서 꿈이란 무엇입니까? 나는 꿈의 의미에 대해 두 가지를 생각해 보았습니다.

첫째, 꿈은 삶의 희망이다.

살면서 크고 작은 희망이 있으면 행복해집니다. "희망이 없는 삶은 배고픔만 못하다."라는 말이 있습니다. 꿈으로 자신의 미래모습을 연상해 보면 기분이 매우 새로울 것입니다. '내가 미래에는 이렇게 될 것이다.'라는 확고한 목표가 있다면 그 꿈을 이루기 위해 달려가는 길이 힘들더라도 즐거울 것입니다.

둘째, 꿈은 삶의 의미이다.

삶에 의미가 없다면 살고 싶은 생각이 들지 않을 것입니다. 자신의 삶에 의미를 부여하고 그것을 위해 노력하며 살아야 행복과 함께 삶의 가치를 느낍니다. 하얀 백지에 각각의 물감을 사용해 그림을 그리듯 우리는 삶에 의미를 부여할 수 있는 꿈을 그리며 살아가야 합니다.

존 맥스웰의 『나의 성공 지도』란 책을 보면, "꿈은 우리가 가야 할 곳을 알려준다."는 말이 있습니다. 꿈은 우리에게 방향을 제시하는 나침반 역할을 합니다. 꿈이 없는 사람은 마치 망망대해에서 표류하는 배와 같다고 할 수 있습니다. 요즘 운전을 할 때 잘 모르는 길은 내비게이션(Navigation)을 이용합니다. 목적지에 도착할 때까지 제 길로 잘 가기 위해서입니다. 우리의 삶도 마찬가지입니다. 꿈과 목표가 뚜렷해야 시간을 절약하고 시행착오를 줄이면서 바라는 삶을 영위해 갈 수 있습니다.

나는 고등학교를 졸업할 때까지 아무런 꿈이 없었습니다. 아버지의 뒤를 이어 농사일을 하라는 부모님의 뜻을 따를 뿐이었습니다. 그것은 나의 꿈이 아니었습니다. 농고를 졸업하고 농사일을 하게 되었지만 허랑방탕한 시기를 보내고 있었습니다. 내가 처한 현실이 문제가 아니었습니다. 꿈이 없었기 때문입니다. 그대로 살기에는 내 삶이 너무나 무의미하게 느껴졌습니다. 농사꾼 자체가 싫은 것이 아니라 마음속에 뭔가 더 의미 있는 일을 하고 싶은 욕구가 있었습니다.

그러다 어느 날 내 자신과 낙후된 농촌경제를 보고 대학에 진학해 더 공부해서 농촌 발전에 이바지하겠다는 첫 꿈을 꾸게 되었습니다. 그러자 생각과 행동에 큰 변화가 생겼습니다. 꿈만 꾸었을 뿐이지 나의 삶이 달라진 게 하나도 없었음에도 불구하고 가슴이 뛰었습니다. 새로운 세상이 보이기 시작한 것입니다.

당시 나의 체험을 바탕으로 꿈이 있는 사람의 특징을 살펴보면, 항상 즐겁고 부지런하게 살아가는 모습을 발견할 수 있습니다. 꿈을 성취해 가는 길 위에는 할 일이 많습니다. 주어진 시간을 잘 쪼개서 해야 할 일을 하니 바빠집니다. 결코 게을러지지 않습니다. 그리고 자신이 원하는 일을 하기 때문에 마음이 즐겁습니다.

중요한 이야기를 하나 해 보겠습니다. 건강한 사람의 몸속에도 암세포가 존재한다고 합니다. 그러다가 어떤 원인으로 인해 암세포가 자라면 결국 암환자가 됩니다. 이 이야기를 많은 사람들이 겪고 있는 '우울증(Depressive disorders)'과 연계해 봅시다. 우울증의 원인은 여러 가지가 있겠지만, '확실한 꿈이 없는 마음가짐'도 우울증을 유발하는 한 가지 원인이 될 수 있습니다. 즉, 꿈이 없는 공허한 마음은 우울증이 자랄 수 있는 토양을 제공하는 것입니다.

참고로 다음의 표로 자신의 우울증 여부를 체크해 보기 바랍니다. 이것은 고운마음 신경정신과의원에서 제공한 '자가평가 우울척도'입니다. 각 항목의 합이 50점 이상이면 우울증이 의심된다고 합니다.

<우울증자가진단>

자가평가 우울 척도

평가방법: 각 항목마다 자신에게 해당하는 점수에 체크해 주세요.

항목	아니다	가끔 그렇다	자주 그렇다	항상 그렇다
1. 나는 매사에 의욕이 없고 우울하거나 슬플 때가 있다.	1	2	3	4
2. 나는 하루 중 기분이 가장 좋은 때는 아침이다.	4	3	2	1
3. 나는 갑자기 얼마 동안 울음을 터뜨리거나 울고 싶을 때가 있다.	1	2	3	4
4. 나는 밤에 잠을 설칠 때가 있다.	1	2	3	4
5. 나는 전과 같이 밥맛이 있다.(식욕이 좋다)	4	3	2	1
6. 나는 매력적인 여성(남성)을 보거나, 앉아서 얘기하는 것이 좋다.	4	3	2	1
7. 나는 요즈음 체중이 줄었다.	1	2	3	4
8. 나는 변비 때문에 고생한다.	1	2	3	4
9. 나는 요즈음 가슴이 두근거린다.	1	2	3	4
10. 나는 별 이유 없이 잘 피로하다.	1	2	3	4
11. 내 머리는 한결같이 맑다.	4	3	2	1
12. 나는 전처럼 어려움 없이 일을 해낸다.	4	3	2	1
13. 나는 안절부절못해서 진정할 수가 없다.	1	2	3	4
14. 나의 장래는 희망적이라고 생각한다.	4	3	2	1
15. 나는 전보다도 더 안절부절못한다.	1	2	3	4
16. 나는 결단력이 있다고 생각한다.	4	3	2	1
17. 나는 사회에 유용하고 필요한 사람이라고 생각한다.	4	3	2	1
18. 내 인생은 즐겁다.	4	3	2	1
19. 내가 죽어야 다른 사람들, 특히 가족들이 편할 것 같다.	1	2	3	4
20. 나는 전과 다름없이 일하는 것이 즐겁다.	4	3	2	1
판별: 각 항목 점수의 합이 50점 이상이면 우울증 의심	합계 :			

오늘날 청소년들의 우울증이 심각하다는 것은 잘 알려진 사실입니다. 대학생들에 대한 한 가지 예를 들어 보겠습니다. 최근(2018. 11. 30) 매일경제가 서울대에서 입수한 '2018년 서울대학교 학생복지 현황 및 발전방안 최종보고서'에 따르면, 서울대 평의원회 연구팀이 서울대 재학생들을 대상으로 '불안 및 우울 정도'에 대해 설문을 실시한 결과 응답자 1,760명 중 818명(46.5%)이 우울증을 갖고 있는 것으로 나타났다고 합니다.

아직 꿈이 없습니까? 꿈이 없다고 너무 걱정할 필요는 없습니다. 이제 겨우 대학생이 되었는데 꿈이 없는 것은 어쩌면 당연한 일입니다. 세상을 어느 정도 다 살았다고 생각하는 70~80대 되시는 분들에게 물어보십시오. 여건이 되는 대로, 또는 부모님이 시켰던 대로 살아온 분들이 많지, 어려서부터 자신의 꿈을 가지고 그것을 성취하며 살아온 분들이 결코 많지 않습니다.

꿈은 없는 것보다 있는 게 더 좋지만 지금 당장 없다고 삶이 엉망이 되는 것은 아닙니다. 꿈을 빨리 찾으려고 서둘러서 원하는 것이 아니면서도 이것이 아닐까 매달리는 일은 좋지 않습니다. 원하는 게 아니면 나중에 반드시 싫증이 나게 됩니다. 시간이 걸리더라도 자신이 진정으로 원하는 꿈을 찾아야 합니다.

적성 검사, 흥미 검사, 가치관 검사, 진로성숙도 검사와 같은 각종 심리검사를 활용하면, 향후 진로나 직업의 선택 시 도움이 됩니다. 또 대학 생활 중 체험활동도 진로탐색에 큰 도움이 되니, 입학 후 적어도 2년간은 희망하는 곳을 찾아 4번 정도의 체험활동(인턴 또는 현장실습)을 해 보세요. 대학은 방학이 길어서 체험활동을 할 수 있는 시간이 충분합니다. 그러면 자신의 꿈 설계에 도움이 될 것입니다. 그 후 3~4학년은 그것을 위해 열심히 준비하는 시간으로 채워 나가면 됩니다.

- 1학년 여름방학-?
- 1학년 겨울방학-?
- 2학년 여름방학-?
- 2학년 겨울방학-?

꿈을 가지되 애매모호한 꿈이 아니라 명확한 꿈을 가져야 합니다. 공병호가 쓴『내게는 소중한 꿈이 있습니다』란 책을 보면 "자신의 목표를 글로 써 본 적이 있는 사람들의 95%는 그 목표를 이루었다."란 말이 있습니다. 구체화된 꿈이라야 이루어진다는 뜻입니다. 거듭 강조하지만 막연한 꿈은 꿈이 아닙니다. 그것은 단순히 소망일 뿐입니다.

꿈 없이 사는 삶은 고독합니다. 꿈을 동반자나 친구로 생각해 보기 바랍니다. 나는 김정한이 쓴 〈나에게도 그런 사람이 있으면 좋겠네〉란 시를 읽으며 위안을 받기도 했습니다. 여기서 '사람'을 '꿈'으로 생각해 봐도 좋을 것 같습니다.

나에게도 그런 사람이 있으면 좋겠네(김정한)

아주 가끔 삶에 지쳐
내 어깨에 실린 짐이 무거워 잠시 내려놓고 싶을 때
말없이 나의 짐을 받아주는 사람이 있으면 좋겠네

아주 가끔 일에 지쳐 한없이 슬퍼
세상일 모두 잊고 어디론가 훌쩍 떠나고 싶을 때
말없이 함께 떠나주는 사람이 있으면 좋겠네

삶에 지친 내 몸 이곳저곳 둥둥 떠다니는
내 영혼을 편히 달래주며 빈 몸으로 달려가도
두 팔 벌려 환히 웃으며 안아 주는 사람이 있으면 좋겠네

온종일 기대어 울어도 그만 울라며 재촉하지 않고
말없이 어깨를 토닥여 주는 그런 사람이 있으면 좋겠네
나에게 그런 든든한 사람이 있으면 좋겠네

꿈 없이 살면 훗날 하기 싫은 일 하며 산다

교수: 학생, 오늘 저녁 뭐 먹을래?

학생: 아무거나 사 주세요.

교수: 아니 먹고 싶은 거 정확히 말해 봐. 그렇지 않으면 너가 싫어하는 거 먹을 수도 있어.

학생: 교수님, 정말 그래도 돼요? 그럼 삼겹살 사 주세요.

교수: 그래. 그렇게 정확히 말해야지. 맛있게 먹자.

학생: 감사해요.

나는 학교에서 회의 후 학생들과 가끔 밥을 함께 먹습니다. 그때 반드시 그들의 의향을 물어봅니다. 그러면 정확히 말하는 학생이 많지 않습니다. 아마 부담스러워 그렇기도 하겠지만, 아무거나 사 주는 대로 먹겠다는 것 같습니다.

같은 값이면 좋아하는 음식을 선택하는 것이 바람직합니다. 진로 선택도 이와 마찬가지입니다. 자신이 좋아하는 방향으로 진로를 정해 준비한다면 졸업 후 그 일을 즐겁게 하며 살게 되지만, 그렇지 못하면 아무거나 하며 살아야 될 수도 있습니다. 세상에 하기 싫은 일을 하며 사는 것만큼 불행한 일도 없을 것입니다.

꿈을 꾼다는 것은 삶의 계획을 세우는 일입니다. 계획 없이 살면 훗날 무엇을 기대하겠습니까? 남이 나의 삶을 책임지지 않습니다. 옛날과 달리 지금은 부모를 비롯한 가족이나 친인척도 내가 원하는 직장을 구해 주기 어렵습니다. 설령 그렇게 된다고 해도 준비되지 않은 채로 일을 한다면 그 일자리에서 생존하기 어렵습니다. 다음과 같은 존 맥스웰의 말을 잘 새겨야 합니다.

"스스로 인생계획을 세우지 않으면 남의 계획에 끌려가기 십상이다. 다른 사람들이 나를 위해 무얼 계획하겠는가? 별것 없다."

다시 말해서, 직장과 직업을 스스로 선택하지 못하면 놀든지 의사에 관계없이 끌려가야 합니다. 즉, 하기 싫은 일을 억지로 하며 살아야 한다는 논리입니다. 우리나라는 OECD 국가 중에서 이직률이 매우 높은 국가로 알려져 있습니다. 더 좋은 곳으로 스카웃이 되는 경우도 있지만 직장이 마음에 들지 않아 옮기는 경우가 많습니다. 근무조건이 열악해서 사직하는 경우도 있지만 안타깝게도 자신의 능력부족으로 권고사직되는 경우도 허다합니다.

대학 졸업예정자들은 여러 군데에 입사지원서를 제출합니다. 원하는 곳이 아니라도 취업을 하기 위해서 지원하는 경우도 많습니다. 이렇게 많은 곳에 지원해도 취업이 안 되면 실업자로 전락해야 합니다. 혹은 졸업을 앞두고 취업이 불투명해서 두려운 마음에 졸업을 연기하기도 합니다. 취업을 위한 졸업연기가 시간낭비가 아닐까요?

연합뉴스(2015년 1월 2일) 자료에 의하면 취업포탈 사람인은 대학생 686명을 대상으로 설문조사한 결과 대학생의 70.4%가 취업을 위해 졸업유예를 긍정적으로 생각했다고 합니다. 졸업유예를 선택하는 이유는 '부족한 스펙을 쌓을 수 있어서', '졸업예정자로 한정한 경우가 많아서', '기업에서 졸업생을 기피해서' 등이 있습니다.

근래 대학을 졸업해도 취업이 쉽지 않다는 말을 많이 들었을 것입니다. 대학새내기로서 저학년 때부터 취업에 대한 고민을 해야 할 것입니다. 우리나라 대졸자의 취업률은 증가하지 못하고 있습니다. 교육부의 자료에서 2013년 이래 대졸자 취업률을 보면, 2017년은 62.6%로서 전년에 비해 떨어졌습니다. 중요한 것은 당분간 취업률이 증가할 획기적인 일이 없을 것으로 예상되어 대학생들의 취업걱정은 더 커질 것으로 판단된다는 것입니다.

〈4년제 대학 취업률, %〉

2013년 64.8
2014년 64.5
2015년 64.4
2016년 64.3
2017년 62.6

하기 싫은 일을 하면서 한세상을 사는 것은 매우 힘듭니다. 직업의 세계는 냉정합니다. 어려운 관문을 통과하고 취업을 했는데 직장이 마음에 들지 않으면 어떡하겠습니까? 그냥 일해야 합니까? 아니면 이직해야 합니까?

참고로 근래(2018년 10월 24일) 잡코리아와 알바몬이 남녀직장인 282명을 대상으로 직업만족도를 조사한 결과를 보면, 퇴준생(더 나은 회사로 이직하기 위해 퇴사를 준비하는 직장인)이 46.1%(복수응답)이고 연령이 낮을수록 높게 나타났습니다. 그 이유로 '낮은 직무 만족도'가 차지하는 비율이 가장 높은데, 결국 하는 일을 좋아하지 않는다는 의미입니다.

– 연령대별 퇴준생 비율, ( )는 '퇴사생각을 해 봤다'의 비율

• 20대 – 50.0%(36.4)

• 30대 – 45.5%(38.2)

• 40대 – 38.8%(38.8)

• 전체 – 46.1%(37.6)

– 이유(가장 비율이 높은 것 3가지)

• 낮은 직무 만족도와 성취감 부족 47.5%

• 낮은 연봉 및 대우 44.9%

• 상사와 동료에 대한 불만 33.9%

여기서, 추가적으로 하고 싶은 말이 있습니다. 비록 당장에 꿈이 없더라도, 일단 '현재에 충실해야 한다.'는 것입니다. 사실 꿈이 없으면 현재에 충실하기 어렵지만 충실할 수 있도록 노력해야 합니다. 학생으로서, 지금 꿈이 없더라도 학생의 본분을 충실히 하다 보면 졸업 후 진로에 크게 도움이 될 수 있습니다.

나의 지인 중에 의사가 한 분 계십니다. 그분은 고등학교 시절까지만 해도 의사가 꿈이 아니었다고 합니다. 특별한 꿈이 없었지만 학교생활을 충실히 하다 보니 의대에 합격할 수준의 실력이 되어 의대에 진학했다고 합니다. 졸업 후 지금은 의사로서 자긍심을 가지고 보람 있게 생활하고 있습니다.

잭 웰치 GE 회장은 "어제는 역사이고 내일은 미스테리이며 오늘은 선물입니다. 그래서 우리는 현재(Present)를 선물(Present)이라고 말합니다."라고 했습니다. 현재가 그렇게 중요하다는 뜻입니다. 꿈이란 있을 수도 있고 없을 수도 있으며 바뀔 수도 있습니다. 그러나 분명한 것은 어떤 기회가 왔을 때 그것을 감당할 수 있는 자격을 미리 갖추는 것이 매우 중요하다는 것입니다. 그러기 위해서는 현재에 충실해야 합니다.

대학생으로서 '현재에 충실하기'란 어떤 것들이 있을까요? 이 책에서 이미 지적한 대로 학점관리, 외국어 공부 등 스펙쌓기에 충실하는 것입니다. 또한, 만약 특별한 꿈이 있다면 그것을 이루기 위해 필요한 사항을 잘 준비해 가는 일이 될 것입니다. 그러나 나의 생각은 그러한 사항은 기본이고, 대학생에게 현실에 충실하기란 훗날 사회가 요구하는 인재, 나아가 인격체로 세상을 살아가는 데 필요한 준비를 소홀히 해서는 안 된다는 뜻을 포함하고 있습니다. 이런 것들은 누가 가르쳐 주지 않으니 스스로 챙겨야 합니다. 예를 들면, 이 책의 뒷부분에서 언급한 성품관리 같은 것은 건전한 지성인이 되기 위한 필수적인 요소입니다.

삶의 가치관이 변하면 꿈도 바뀐다

교수: 왜 직업군인을 하려고 하니? 우리 분야에 관심이 많으면서.

학생: 많이 생각했는데, ROTC 훈련받고 장교로 군에 남을 거예요. 군생활이 제 적성에 맞을 것 같아요. 우리 전공도 좋은데 훗날 전역 후 관련 일을 할 수도 있겠죠.

교수: 많이 생각했다니 그렇게 해.

학생: 예. 감사해요.

이것은 한 학생이 학과 공부를 잘 하고 있다가 ROTC에 들어가더니 어느 날 직업군인이 되겠다고 해서 나누었던 이야기입니다. 수차례에 걸쳐 이야기를 나누어 보니 그의 생각이 확고한 것 같았습니다. 지금은 졸업 후 군에서 장교로 근무하고 있는데 만족하고 있다고 들었습니다.

꿈이 바뀌는 이유는 확실한 꿈이 아니었거나 삶의 가치관이 변했기 때문입니다. 꿈은 언제든지 바뀔 수 있습니다. 유치원부터 대학생이 되기까지 자신이 가졌던 꿈의 변화를 살펴보면 누구나 그런 생각이 들 것입니다.

내가 알고 있는 한 학생이 성장해 가면서 품었던 꿈의 변화를 살펴보겠습니다. 이 학생은 유치원부터 고등학교를 거칠 때까지 꿈이 자꾸 바뀌었습니다. 성장하면서 자신의 가치관이 변했기 때문이었을 것입니다.

- 유치원: 대통령
- 초등학교: 연예인
- 중학교: 선생님
- 고등학교: 대기업

나는 꿈이 바뀌는 것이 나쁘다고 생각하지 않습니다. 우리의 삶에서 꿈과 가치관은 언제든지 변할 수 있습니다. 옳은 가치관을 가지는 것은 매우 중요합니다. 가치관은 개인적인 문제를 떠나 사회적으로도 엄청난 영향력을 행사합니다. 한 사람의 가치관이 가족은 물론 인류에게 행복을 주기도 하고 불행을 주기도 합니다.

나는 몇 년 전 학생들을 위한 실험용 양돈장을 운영하면서 문득, "내가 양돈업을 크게 하면 부자가 되겠다."란 생각이 들었습니다. 그러나 교수활동과 양돈장 운영을 둘 다 해내기는 어려웠습니다. 교수직을 버리고 양돈을 해 볼까 고민했지만 끝내 양돈을 포기했습니다. 양돈장은 학생들의 실험(연구)과 교육, 그 이상도 이하도 아닐 뿐, 나에게 다른 의미는 없었던 것 같습니다. '교수로서 할 일이 더 있다.'는 나의 소신이 더 컸습니다. 즉, 돈보다 제자양성이 내겐 더 큰 의미가 있었던 것입니다. 돈을 많이 벌어 빌딩을 세우거나 사회사업을 하는 것도 좋은 일이지만, 훌륭한 제자를 양성하는 일도 가치 있는 일입니다. 내가 지금까지 지도한 대학원생은 50여 명인데, 그들이 나에게는 도시의 큰 빌딩보다 더 훌륭한 자산이라고 생각합니다. 나는 머지않아 현직을 떠나고 나아가 이 세상을 떠나게 되겠지만, 그들은 남아서 내가 했던 분야의 일을 계속할 것입니다. 이보다 더 큰 보람이 어디에 있겠습니까?

삶에서 꿈과 직업을 선택할 때 '가치관'을 설정하는 것은 매우 중요한 일입니다. 가치관이 곧 삶의 질입니다. 가치 있는 꿈이 사람을 가치 있게 만들어 갑니다. 로버트 쉴러의 말을 되새겨 보기 바랍니다.

> "꿈을 꾸어라. 그러면 그 꿈이 당신을 만들 것이다(Build a dream, and the dream will build you)."

많은 사람들이 나이 들어 자신의 삶을 돌아보면 아쉬웠거나 후회되는 일이 적지 않다고 합니다. 그러니 젊은 시절에 자신의 가치관을 잘 설정하고 나중에 후회하지 않도록 그에 걸맞은 삶을 영위해야 할 것입니다. 나는 윤동주가 쓴 〈내 인생에 가을이 오면〉이라는 시를 매우 좋아합니다. 이 시는 "내 인생에 가을이 오면 나는 나에게 물어볼 이야기들이 있습니다."란 구절로 시작합니다. 나는 지금 60이 넘은 나이지만, 훗날 더 이상 일을 하지 못할 때가 된 후 이 시를 다시 읽었을 때 아쉬움이 없도록 지금도 최선을 다해 살고 있습니다. 내가 수필가도 아니면서 이 책을 쓰는 것도 그런 맥락이라고 할 수 있습니다. 대학 새내기 여러분이 대학 시절부터 확고한 가치관과 훌륭한 자아상을 함양하며 살아간다면, 훗날 자신의 삶에 있어서 가치를 헤아릴 수 없는 엄청난 도전과 그에 따르는 결실을 이루게 될 것입니다.

내 인생에 가을이 오면(윤동주)

내 인생에 가을이 오면 나는
나에게 물어볼 이야기들이 있습니다.

내 인생에 가을이 오면 나는
나에게 사람들을 사랑했느냐고 물을 겁니다.

내 인생에 가을이 오면 나는
나에게 열심히 살았느냐고 물을 것입니다.

그때 자신에게 말할 수 있도록

나는 지금 맞이하고 있는 하루하루를
최선을 다하여 살겠습니다.

내 인생에 가을이 오면 말할 수 있도록
사람들을 상처 주는 말과 행동을
말아야 하겠습니다.

내 인생에 가을이 오면 나는
내 삶의 날들을 기쁨으로 아름답게
가꿔야겠습니다.

내 인생에 가을이 오면 나는
나에게 어떤 열매를 얼마만큼 맺었느냐고
물을 겁니다.

그때 나는 자랑스럽게 대답하기 위해
지금 나는
내 마음밭에 좋은 생각의 씨를 뿌려 놓은
좋은 말과 좋은 행동의 열매를
부지런히 키워야 하겠습니다.

내 인생에 가을이 오면

후회 없는 삶을 위하여

그때 가벼운 마음으로 말할 수 있도록

내 인생에 가을이 오면

나는 나에게 삶이 아름다웠느냐고 물을 겁니다.

결정이나 선택을 자꾸 미루지 말라

교수: 학생, 취업 또는 대학원 진학 결정했어?

학생: 아직 못 했어요.

교수: 4학년이 되었는데 아직도 결정 못 하면 안 되지.

학생: 이것저것 생각하니 복잡한 거 같아요.

교수: 너 혹시 결정장애를 지닌 것은 아니냐?

학생: 그런 거 같아요. 지금까지 주로 부모님이 시키는 대로 했으니까 혼자 결정하기 힘들어요. 나와 부모님 생각이 달라서 고민이죠.

교수: 너의 삶인데 결정은 너가 해야지. 더 이상 미루지 말고 결정하고 준비해야지.

학생: 예. 알겠어요.

이 학생은 취업과 대학원 진학을 두고 2학년 때부터 상담을 해 왔습니다. 이제 졸업을 1년 정도 남겨 두었는데 아직도 결정을 못 하고 있는 것입니다. 우유부단(優柔不斷)한 학생이라고 할 수 있습니다.

우리의 삶은 선택의 연속입니다. 프랑스의 철학자 장 폴 샤르트르는 "인생은 B와 D 사이의 C이다."라고 했습니다. 여기서 B는 Birth(탄생), D는 Death(죽음), C는 Choice(선택)를 의미합니다. 태어나서 죽을 때까지 연속적으로 선택이 따른다는 뜻입니다. 선택은 쉽지 않습니다. 우리는 미래를 내다보지 못하기 때문에 지나 보지 않으면 어느 것이 옳은지 잘 모릅니다. 그래서 대개 결과가 나온 뒤에 잘못한 결정에 대해 후회하게 됩니다. 그래서 사람들이 더욱 선택에 고심을 하는지도 모릅니다.

결정장애 또는 선택장애란 말이 있습니다. 이것을 '햄릿증후군(Hamlet syndrome)'이라 합니다. 어떤 선택 상황에서 결단을 내리지 못해 미루거나 타인에게 결정을 맡겨 버리는 증상을 말합니다. 셰익스피어의 소설『햄릿』에서 비롯된 용어로, 복잡한 현대사회의 다양한 정보로 인해 판단에 확신이 없기 때문에 나타나는 현상입니다. 지금까지 살아오면서 부모님을 비롯한 주변 사람들의 결정에 의존해 온 사람일수록 결정장애가 심한 것으로 알려져 있습니다.

근래 국민일보(2019. 1. 5)에서 흥미 있는 기사를 읽었습니다. 이것은 대학내일20대연구소에서 전국 20~39세 남녀 800명을 대상으로 '밀레니엄 세대가 추구하는 삶의 가치'란 내용인데 인생의 중요한 결정에 대한 그들의 의견을 보면 다음과 같습니다. '자신의 뜻으로 결정한다'는 긍정이 56.6%인데 낮은 것으로 판단되며 15.6%는 자신의 뜻대로 하지 않는다는 것입니다. 어쩌면 참담한 일입니다.

Q: 나는 인생의 중요한 결정을 할 때 가족/주변의 의견보다 나의 만족을 우선으로 고려한다.

A: 긍정: 56.6%, 보통: 27.8%, 부정: 15.6%

결정을 무작정 미루면 득(得)보다 실(失)이 큽니다. 간단한 예이긴 하나, 앞에서 언급한 학생은 대학원 진학을 결정하지 못해 미루다가 막상 지원하려고 했더니 원서마감일이 지났습니다. 안 가는 것과 못 가는 것은 다릅니다. 나 역시 대학 시절 취업과 대학원 진학 문제를 놓고 많은 고심을 했지만 그리 오래 하지는 않았습니다.

나의 삶을 돌아보면 60여 년을 살아오면서 결정을 잘한 것도 있지만 잘못해서 피해를 본 일도 적지 않습니다. 물론 결정을 미루다가 손해를 본 일도 있습니다. 보통사람이면 아마 대부분이 그런 경험이 있을 것입니다. 잭 웰치와 스티븐 코비는 『결단의 기술』이라는 책에서 이렇게 말합니다.

> "결국 인생에서의 성공이란 이렇게 수많은 결정(성공적인 것이나 실패한 것 모두)들을 모두 합해, 그것들이 삶의 질에 누적되어 미치는 결과로 가늠할 수 있을 것이다."

어떤 결정(선택)을 할 때는 올바르게 내릴 수 있는 비결이 필요합니다. 로버트 건서가 쓴 『결정의 심리학』이란 책을 보면 후회 없는 결정을 내리기 위한 50가지 방법을 제시하고 있습니다. 여기서 내 생각에 가장 와닿는 것 중 한 가지는 "먼 미래를 본다."입니다. 대학 생활은 미래의 삶을 준비하는 과정이기도 해서 미래를 꿰뚫어 보는 안목이 필요합니다. 여기서 강일수의 『안목』 중에서 〈미래를 본다〉란 글을 감상해 보겠습니다. 미래를 보는 안목은 너무나 중요한 일입니다. 이 시에서 "성공하는 사람들은 보는 눈이 남다르다." 라고 했습니다.

미래를 본다(강일수)

성공하는 사람들은 '보는 눈'이 남다르다.
탁월한 직관과 혜안이 있다.
실패하는 사람들이 잘 보지 못하는 것들을 그들은 본다.

감추어진 것들을 보는 눈이 있다.
나중에 보는 것이 아니라 시작할 때 본다.
문제만 보는 것이 아니라 기회를 보며,
현실만 보는 것이 아니라 그 너머에 있는 미래를 본다.

우리가 비록 미래를 보지 못하더라도, 주변의 의견이나 상황판단을 통해서 미래지향적인 결정을 내려야 할 때가 옵니다. 그 후에 그 선택이 잘못되었더라도 후회할 필요는 없습니다. 자신이 충분히 생각하지 않고 남의 말만 듣고 결정하여 후회하는 일만 없으면 됩니다.

내가 여기서 강조하는 것은 결정을 잘하는 것도 중요하지만 결정을 하는 데 너무 시간을 끌지 말라는 것입니다. 어떤 결정을 하기 전에, 많은 시간을 들이면 뭔가 이것저것 모든 사항을 고려할 수 있을 것 같아도 막상 보면 준비를 소홀히 하거나 하지 않는 경우가 많습니다. 결정을 미루는 것은 결국 시간을 낭비하는 것입니다. 결정을 미루고 있는 것이 있다면 지금 결정하고 힘차게 뛰어 보기 바랍니다. 삶이 한층 홀가분하고 즐거울 것입니다.

결정에 대해 미 대통령이었던 루스벨트는 다음과 같이 말했습니다. 어떤 일을 결정할 때는 심사숙고해서 올바른 선택을 해야 하지만, 미루는 것은 절대로 좋지 않다는 점을 강조하고 있습니다.

> "결정을 내릴 때 가장 좋은 선택은 올바른 일을 하는 것이다. 다음으로 좋은 선택은 잘못된 일을 하는 것이다. 가장 안 좋은 선택은 아무것도 하지 않는 것이다."

앞서가는 사람은 매사에 게으르지 않습니다. 결정을 미루는 것은 일종의 '정신적 게으름'이라고 할 수 있습니다. 게으름은 일종의 병이기도 합니다. 확신이 없는 상태에서 어떤 결정을 하기란 쉽지 않으며 두렵기도 합니다. 로버트 치알디니의 『설득의 심리학』을 보면 다음과 같은 언급이 있는데 공감이 갑니다. 결과가 두려울지라도 결정은 해야 합니다.

"가끔 우리가 무엇에 대하여 깊이 생각하고 싶지 않은 것은 생각하는 것 자체가 힘들고 귀찮기 때문이 아니라 심사숙고 끝에 얻어지는 결론을 두려워하기 때문이다. 심사숙고에 의해 가증스럽게도 분명해진, 또한 인정하고 싶지 않은 결론을 대하는 것이 두려워서 가끔 차라리 정신적 게으름뱅이가 되고 싶어 한다."

대학에서 같은 전공 내에서도 진로는 다양합니다. 만약 대학에 입학하기 전 진로에 대한 특별한 계획이 없었다면 1~2학년 때는 자신의 전공분야에 어떤 길이 있는지 잘 파악해 보십시오. 그리고 진로를 결정해서 3~4학년 때는 그것을 위해 열심히 준비해 나가야 합니다. 고학년이 되어도 진로선택이 안 되거나 전공에 대한 고민이 있는 학생들이 적지 않습니다. 결정이나 선택을 자꾸 미루지 말기 바랍니다. 이것이 내가 이 책을 쓰는 가장 중요한 목적 중의 하나이기도 합니다.

<이야기 코너>

조나단의 꿈 이야기

조나단은 꿈이 있는 갈매기다. 하늘을 나는 법에서 삶의 의미와 진실을 추구하고 싶어 한다. 동료 갈매기와는 달리 조나단은 더 높게 그리고 더 멀리 날 수 있는 모습을 꿈꾼다.

먹이를 위해 하늘을 나는 다른 갈매기들과 달리 그는 꿈을 좇기 위해 하늘을 난다. 다른 갈매기들은 조나단을 이해하지 못한다. 조나단의 부모도 조나단이 다른 갈매기들처럼 평범하게 살기를 원한다. 그러나 조나단은 평범한 갈매기의 삶은 무의미한 것이라고 생각한다.

더 멋지고 행복한 삶을 살기 위해서 조나단은 비행연습을 한다. 다른 갈매기들에게도 비행법을 알려 주며, 비행은 단지 살기 위한 것이 아니라며 비행의 다른 의미를 깨닫게 해 주려 하지만 외면당한다. 주위 갈매기들은 조나단을 싫어했지만 조나단은 갖은 노력으로 결국 자신의 믿음을 따라 다른 갈매기들보다 더 빨리 날 수 있는 갈매기가 된다.

"높이 나는 새가 멀리 본다."

새로운 세상에서 만난 조나단의 스승이 한 말이다. 조나단이 꿈을 이룰 수 있었던 원동력은 좌절의 순간이 와도 포기하지 않고 꿈을 향해 나아간 탓이다. 조나단에게 하늘은 꿈을 펼치기 위한 터전이다. 마음먹은 대로 멋지게 날아오를 수 있는 하늘이지 단지 먹이를 쫓기 위해 날아오르는 하늘이 아니다.

(출처: 『갈매기의 꿈』, 리처드 바크 저)

〈꿈이 있는 존재는 뭔가 다릅니다〉

<자기계발 코너>

희망직업 상담해 보기

자신이 선망하는 직업 3개 분야의 전문가를 만나 상담해 보고(직업의 특성 등) 자신의 입장을 정리해 보세요.

제1희망: ....

상담자: .... 직업: ....

상담 결과:

....

....

....

....

....

....

....

....

....

....

제2희망: ....

상담자: .... 직업: ....

상담 결과:

....

....

....

....

....

....

....

제3희망: ....

상담자: .... 직업: ....

상담 결과:

....

....

....

....

....

....

....

셋째 이야기

꿈 설계 시 고려사항은 무엇일까?

한평생 웃으면서 즐겁게 일하며 살아간다면 얼마나 행복할까요? 그래서 우리는 그런 직업(꿈)을 가질 수 있도록 학창시절에 준비해야 합니다. 꿈을 설계할 때 다음과 같은 4가지 사항을 고려해 보면 좋겠다는 생각이 듭니다.

- **목적 – 목표보다 목적이 뚜렷해야 한다**
- **애정 – 진정으로 좋아해야 한다**
- **재능 – 성취가능성이 있어야 한다**
- **수요 – 미래 직업의 변화에 주목하라**

"나는 나의 직업을 좋아한다.
그러나 내가 더 좋아하는 것은 내가 왜 나의 직업을 좋아하는지
다른 사람들에게 보여 주는 것이다."

– 아담 크로제(미국 자영업자)

넌 공무원 시험
준비하고 있지?
예.

왜 공무원 하려고 해?
부모님이
원하시는것
같아요.

단순히 그게 이유야?
예.

남이 하라해서 하면
잘 안 될텐데?
하다가 안 되면
다른거 해야죠.

목적-
목표보다 목적이 뚜렷해야 한다

교수: 학생, 왜 목장을 하고 싶어 하는 거야?

학생: 선배가 그러시는데 돈 많이 벌 수 있다고 해서요.

교수: 목장을 경영할 때 어려움이 뭔지 알고 있는가?

학생: 아니요. 잘 몰라요.

교수: 그렇다면 안 하는 게 좋겠다.

이 학생은 졸업 후 목장을 하겠다고 합니다. 나는 그 학생에게 목장을 하지 말라고 했습니다. 왜냐하면 졸업이 가까워졌는데도 아무런 준비도 하지 않고 단순히 돈 벌 수 있다는 생각으로 목장을 하게 되면 결코 성공할 수 없기 때문입니다. 그래도 목장을 하겠으면 졸업 후 5~10년은 다른 목장에서 직원으로 경험해 보고 하라고 했습니다.

내가 이 학생과 상담하면서 느꼈던 점은 목장을 하겠다는 '동기부여(Motivation)'가 전혀 되지 못했다는 것입니다. 또한, 목장보다는 돈에 관심이 더 많았습니다. 남들의 이야기만 듣고 뭔가 해 보려고 하는 생각은 매우 위험한 발상이며 진정한 동기부여가 아닙니다.

세상에 돈 버는 일은 목장이 아니더라도 너무나 많습니다. 그 학생은 목장경영이 얼마나 힘든 일인지도 모르고 있었습니다.

꿈을 설계할 때는 어떤 계기가 있어서 이루고자 하는 목표와 목적을 명쾌하게 설정해야 합니다. 목표나 목적은 동기부여에서 나옵니다. 동기부여가 제대로 되지 못하면 성취욕도 낮아 중도에 포기하기 쉽습니다. 내가 상담한 학생은 동기부여가 전혀 되지 못했기 때문에 하고자 하는 일을 이루지 못할 것으로 판단됩니다. 꿈을 설계할 때는, '나는 왜 그것을 하려고 하는가?'란 강한 의문을 제기하고 그에 대한 분명한 답을 스스로 얻어 내야 합니다.

목표는 목적을 이루기 위한 수단입니다. 목적은 목표의 상위개념입니다. 위의 학생처럼 돈이 목적이 된다면 목장이 아니라도 할 일이 너무나 많습니다. 대학을 다니지 말고 당장 목장을 하는 게 옳을 것입니다. 대학생으로서 돈을 목적으로 삼고 학교를 다닌다면 고전 평론가인 고미숙의 다음과 같은 말을 생각해 볼 필요가 있습니다.

"평생 내가 하고자 하는 일을 선택할 때 돈이 제일 중요하다면, 장사를 하거나 처음부터 재물을 일구는 곳으로 가야 돼요. 대학에 올 필요가 없다고요. '부자가 되려면 대학에 가지 마라.' 그 말이 맞아요. 일찌감치 돈이 움직이는 현장의 감각을 익히는 것이 중요하죠. 대학 가서 뭣

하러 경영학을 듣고 있어요? 그런다고 돈을 주무르는 부자가 될 수는 없어요."

주변을 돌아보면 의사가 되면 돈을 많이 벌 수 있다는 생각에 의대로 가겠다는 학생들이 적지 않습니다. 그렇게 되면 아마 나중에 후회할 수도 있습니다. 돈만으로는 행복한 의사생활이 되기 어려울 수 있기 때문입니다. 한 신문(LA 중앙일보, 2011. 2.11)에서 이런 글을 읽었습니다. 미국 애리조나 대학병원에 근무하는 한국계 의사인 피터 리 박사의 인터뷰 기사입니다. 그는 평화봉사단에 지원한 의사 아버지를 따라 초등학생 때 아프리카를 경험한 후 의사가 됐다고 합니다.

Q: 많은 한인 학생들이 의대에 진학한다. 외과의사의 길은 어떤가?

A: 의사가 되는 것은 매우 긴 여정이다. 분명한 것은 돈에 관심이 많다면 의사가 된 뒤 매우 실망하게 될 것이다. 하지만 사람을 돕는 일이 의미 있고 보람 있는 것이라고 생각한다면 의사는 세상에서 가장 즐겁고 좋은 직업이 될 것이다.

나는 여기서 다시금 꿈을 설계할 때 동기부여가 중요하다는 것을 강조하고 싶습니다. 진로선택의 동기부여는 다음과 같은 3가지 경우가 있습니다.

• 주변 사람들이 권해서 한다.

• 남들이 하니까 나도 한다.

• 스스로 하고 싶어서 한다.

첫째, 주변사람들의 권유에 의해 진로가 결정되는 경우가 흔히 있습니다. 부모님, 선생님, 친구 등 가까이 있는 사람들로부터 진로에 대한 권유를 받게 되는데 부모의 영향이 가장 클 것으로 여겨집니다.

자녀를 가장 잘 아는 사람은 부모입니다. 그래서 자녀를 양육하는 과정에서 적성을 잘 파악하고 그 분야로 진출하도록 동기부여를 해 준다면 매우 좋을 수 있습니다.

그러나 자녀의 뜻을 무시하고 진로를 정하고 따르도록 강요하는 부모도 적지 않습니다. 이럴 경우 어려서는 어쩔 수 없이 따르는 척하지만 성장하면서 싫증을 느끼고 관심이 멀어질 가능성이 큽니다. 부모가 자식을 대리만족(代理滿足)의 대상으로 여기는 경우도 있는데 이것은 매우 위험한 발상입니다.

부모의 강요는 자녀의 반항을 부릅니다. 부모의 강압적인 권유를 자녀가 수용하지 않을 경우 상당한 갈등이 생기게 됩니다. 이러한 갈등은 심할 경우 단순한 반항을 넘어 자녀의 가출로 이어지기도 합니다. 부모가 자녀에게 진로를 권할 때는, 먼저 그 직업세계에 대해 충분한 정보를 알려 주고 이해를 증진시킨 다음 선택을 도와주는 것이 좋습니다.

둘째, "남들이 하니까 나도 한다."란 것도 진로선택에 큰 부분을 차지하고 있습니다. 트렌드, 즉 시대의 추세에 따라 선택하는 경우라고 할 수 있습니다. 시대에 따라 직업의 선호도가 다르기 때문에 소위 유행을 따르게 되는 것입니다. 그러나 단순히 유행을 따를 경우 성공하지 못할 가능성이 높습니다.

확실한 롤모델(Role model)을 정하고 따라 하는 경우는 조금 다릅니다. 2016년 리우 올림픽 골프에서 금메달을 획득한 박인비 선수는 골프로 인해 국민적 영웅이 된 박세리 선수가 롤모델이었다고 합니다. 유명인들 중에는 롤모델이 있는 경우가 많습니다. 롤모델에 의한 진로선택은 주변의 일방적인 권유에 의한 것보다는 스스로가 훨씬 더 만족할 수 있고 꿈을 위해 노력하고 집중하기도 쉽습니다. 롤모델은 가족, 은사 등 누구나 대상이 될 수 있습니다. 롤모델을 정하고 그 길을 간다고 해서 반드시 성공하는 것은 아니지만 롤모델을 잘 벤치마킹하면 성공하기 쉬울 수 있습니다.

셋째, 가장 좋은 방법은 스스로 하고 싶은 것을 찾아서 하는 것입니다. 어떤 계기로 인하여 하고 싶어지는 것이 떠오를 때, 그것을 꿈으로 설정하는 일은 매우 바람직합니다. 이런 경우는 성공할 확률이 매우 높습니다. 동기부여가 확실하기 때문입니다. 나의 한 친구의 딸은 중학교 때 아버지가 지병으로 힘들어하는 것을 보고, 병으로 고통 받는 사람들을 고쳐주겠다는 각오로 열심히 공부하여 의대에 진학하여 의사가 되었습니다.

진로를 정하고자 할 때는 그 진로가 사회에 끼치는 영향력을 생각해 볼 필요도 있습니다. 사회적 지위가 높을수록 영향력도 커집니다. 역사적으로 큰 영향력을 행사했던 두 정치인을 비교해 보겠습니다. 독일의 1대 총통이었던 아돌프 히틀러와 미국의 16대 대통령이었던 에이브러햄 링컨입니다.

히틀러 vs 링컨

아돌프 히틀러(1889~1945)는 나치 독일의 정치가였으며 수많은 유대인들을 학살한 살인마입니다. 미국의 에이브러햄 링컨(1809~1865)

은 노예제도에 반대하는 사람이었으며, 대통령이 된 후 노예 해방을 선언했습니다. 국가는 달라도 같은 대통령이었지만 그들의 목적의식은 완전히 달랐습니다. 두 사람의 삶의 가치관이 담겼다고 볼 수 있는 말을 비교해 보겠습니다. 말 속에 그들의 삶이 그대로 녹아 있음을 알 수 있습니다.

- 히틀러 – "성공을 위한 가장 필수적인 요소는 폭력을 끊임없이 규칙적으로 사용하는 것이다. 박애주의는 어리석음과 비겁함의 표현이다."
- 링컨 – "내가 바라는 것이 있다면 나로 인해 이 세상이 조금 더 아름다워지는 것을 보는 것이다."

학교를 마치면 누구나 직업을 가져야 합니다. "직업에는 귀천이 없다."는 말이 있습니다. 어떤 직업이든 귀하고 천함이 없이 동등하다는 뜻입니다. 맞는 말입니다. 우리가 직업을 선택할 때 외적인 면, 이를테면 연봉 같은 것에 집착하지 않고 사회에 좋은 영향을 끼치는 것에 의미를 둔다면, 일하는 데 의미가 부여되어 더 재미있고 성실하게 꿈을 향해 나아갈 수 있을 것입니다. 즉, 살아가는 목적을 잘 정립해야 한다는 뜻입니다.

애정-
진정으로 좋아해야 한다

교수: 학생은 졸업 후 아버지 사업장을 물려받을 건가?

학생: 아니요. 그 일은 제가 좋아하지 않아요.

교수: 그럼 뭘 하겠다는 건가?

학생: 제가 좋아하는 일을 찾고 있어요.

이 학생은 아버지가 사업을 하시는데 아버지의 간곡한 부탁에도 불구하고 다른 일을 하겠다고 합니다. 이유는 단순합니다. 자신은 그 일을 좋아하지 않기 때문에 그 일을 하여도 성공한다는 자신이 없을 뿐더러 평생 하고 싶은 일을 하지 못한다고 생각하니 억울하다는 것입니다. 나는 그 학생의 생각을 매우 고무적으로 받아들였습니다.

좋아하는 일을 해야 열정이 생깁니다. 한평생 좋아하는 일을 하면서 살 수 있다면 그 이상 행복한 일은 없을 것입니다. 미국 농구계의 전설인 마이클 조던은 농구를 너무나 사랑했다고 합니다. 진희정이 쓴 『꿈꿀 수만 있다면 이룰 수 있다』라 책에 보면 농구에 대한 그의 애정이 어떠한지 알 수 있습니다.

"사랑하는 농구에게. 당신은 내 인생이었으며, 내 열정이었으며, 내 삶의 계기였습니다. 당신은 내게 영광을 주었습니다."

앞에서도 언급했지만, 단순히 먹고 살기 위해 하기 싫은 일을 평생토록 해야 한다면 얼마나 불행하겠습니까? 물론 싫은 것도 하다 보면 좋아질 수 있습니다. 그러나 애시당초 평생 직업으로 싫은 것은 하지 말아야 합니다. 요즘에 등장한 신조어로 '싫존주의'라는 말이 있습니다. 싫어하는 취향도 당당히 밝히는 젊은 세대의 생각을 말합니다. 우리 속담에도 이미 오래전부터 "평양감사도 내가 싫으면 그만이다."라는 말이 있어 왔습니다. 조선시대 평양감사는 많은 사람들이 탐내는 자리지만 모두가 좋아하지는 않는다는 말입니다.

보통 사람들은 직업이나 직장을 선택할 때 수입(돈)이 중요하다고 생각하지만 통계자료를 보면 반드시 그렇지만은 않습니다. 2014년 한국고용정보원이 105개 직업군의 성인 재직근로자 3,148명을 대상으로 직업가치관 검사를 한 결과, 직업 선택의 1순위는 '직업의 안정'이었으며, 2위는 '몸과 마음의 여유', 3위는 '성취', 4위는 '금전적 보상'이었습니다.

부자가 되면 성공한 것입니까? 사업을 해서 돈을 많이 벌었다고 교만에 빠져 있는 사람도 적지 않습니다. 삶에서의 성공을 돈만이 아닌 다른 면에서도 찾아야 할 것입니다. 돈이 곧 행복이라고 생각하는 사람도 있습니다만 그것은 착각일지도 모릅니다. 미국의 부동산 재벌이자 45대 대통령인 도널드 트럼프는 이렇게 말했습니다.

> "진정한 성공의 척도는 스스로 얼마나 행복한가에 있다. 내 주변에는 돈이 많지 않은 친구들도 많지만 그들은 나보다 훨씬 행복하다. 그래서 그들이 나보다 더 성공했다고 이야기한다."

요즘 남을 의식하며 살아가는 사람들이 많습니다. 인간이니 당연하기도 하지만 이것은 궁극적으로 자존감이 약한 데서 비롯됩니다. 자존감이 약하면 남에게 휘둘리기 쉽습니다. 그들은 늘 남과 비교하며 살아가게 되고, 우월감보다 열등감을 더 느끼게 될 것입니다.

단테는 "그대의 길을 가라. 남들이 뭐라 하든 내버려 둬라."라고 했습니다. 남을 의식하지 말라는 뜻입니다. 다른 사람이 나의 인생을 대신 살아 주지 못합니다. 자신을 믿고 자신이 원하는 길을 가야 행복합니다. 근래 미국의 타임지는 "20세기 성공한 사람의 기준은 '남들이 부러워하는 나'였지만, 21세기에는 '내 마음에 드는 나'이다."라고 했습니다.

미국의 자영업자인 아담 크로제가 한 말이 있습니다. 꿈을 설계할 때나 어떤 일을 하고 있을 때, 한번쯤은 되새겨 볼 필요가 있다고 생각합니다.

"나는 나의 직업을 좋아한다. 그러나 내가 더 좋아하는 것은 내가 왜 나의 직업을 좋아하는지 다른 사람들에게 보여 주는 것이다." (I love my job, but what I love more is showing others why I love my job)

나는 이 말을 접하면서 나의 직업에 대해 다시 한번 정리해 보았습니다. 고등학교를 졸업하고 농사일을 하다가 농촌지도사가 되어 낙후된 농촌경제 부흥을 위해 노력하겠다는 생각이 나의 첫 꿈이었습니다. 과분하게도 교수가 되었지만 초심과 더불어 교수로서의 역할을 충실히 하고 있는지 늘 내 자신을 돌아보고 있습니다. 지난 20여 년 교수생활을 하면서 한시도 쉬지 않고 생각하고 있는 것은 아래와 같습니다.

- 나의 강의에 학생들이 만족하고 있는가?
- 학생들에게 동기부여 역할을 하고 있는가?
- 나의 연구결과가 산학발전에 도움이 되고 있는가?
- 나의 분야에서 전문가로서 역할을 하고 있는가?
- 전문가(대학원생)를 충분히 양성하고 있는가?

나는 솔직히 말해 교수란 직업이 부담스럽기도 하지만 좋아합니다. 그렇다면 내가 교수직을 좋아한다는 증거가 위와 같은 질문을 통해 나타날 수 있어야 합니다. 국가나 대학에서 교수자리를 제공했으니 그에 걸맞게 활동을 하는 것은 교수로서의 책임이기에 앞서 예의라고 생각합니다. 나에 대한 평가는 학교나 학생들이 합니다. 나는 나름대로 열심히 했다고 하지만 여전히 부족한 게 많음을 고백합니다. 만약 나의 강의에 만족하지 못했던 학생이 있다면 이 기회에 미안한 마음을 전합니다.

다만, 내가 지난날 교수생활을 하면서 대학 외부의 것을 제쳐 놓고 대학 내에서 우수 교수로 선정되어 총장 표창을 3번이나 받은 것은 그나마 다행이라 생각하고 감사드립니다. 특히 산학협력단 명예의 전당에 오른 것을 가장 큰 영광이라고 생각합니다. 그리고 더 열심히 하라는 의미로 받아들이고 있습니다.

– 우수 강의 교수상(2007)

– 우수 연구 교수상(2008)

– 우수 산학협력 교수상(2018)

– 산학협력단 명예의 전당(2016)

우리나라에서는 어려서부터 자신의 꿈을 스스로 설계하기가 쉽지 않습니다. 초·중·고등학교 학생들의 생활일정표를 보면 대부분이 매우 단순합니다. 학교나 학원에서 공부하는 시간과 약간의 자유시간을 빼면 다른 여유를 가질 시간이 거의 없는 형편입니다. 그렇다 보니 자신의 미래 꿈에 대해 생각을 할 겨를이 없습니다.

다람쥐가 쳇바퀴를 돌리는 것을 보면 얻을 수 있는 교훈이 하나 있습니다. 처음에는 다람쥐가 쳇바퀴를 돌리지만 나중에는 돌아가는 쳇바퀴에 의해 다람쥐가 따라 돕니다.

오늘날 학생들의 일과란 마치 다람쥐 쳇바퀴 도는 것과 다를 바 없습니다. 자칫하면 일과를 생각 없이 무의미하게 반복하기 쉽습니다. 그렇게 하면 언제 자신의 적성을 계발하고 앞날을 대비할 수 있는 특별한 기회를 만들겠습니까? 진부한 일상 속에서는 그렇게 하기 어렵습니다. 그래도 요즘엔 진로탐색을 위한 각종 프로그램이 개발되어 실제로 도움이 되는 것들이 제법 있습니다. 이런 것들을 잘 활용하면 자신의 적성과 욕구에 맞는 길을 찾을 수 있을 것입니다.

자신의 꿈을 찾아 여행을 떠나 보는 것도 좋습니다. 넓은 세상을 보면 어디선가 자신을 필요로 하는 곳이 있을 것입니다. 자기 스스로 할 일을 찾는 것도 중요하지만 세상이 필요로 하는 일을 한다면 더욱 가치 있는 삶을 영위할 수 있을 것입니다.

여행을 하면 '공부'라는 일상에서 잠시 벗어나 세상을 보는 지혜를 얻을 수도 있습니다. 필립 체스터필드가 쓴『내 아들아, 세상은 넓고 할 일은 많다』란 책에는 "여행지에서의 지식을 자신의 것으로 만들라."라는 의미 있는 이야기가 있습니다. 세상을 다니며 다양한 것을 보고 느끼다 보면 견문을 넓히게 되고 자신이 좋아하는 일을 찾을 수 있다는 말입니다.

그대가 지금 꿈이 있다면, 그 꿈을 진정으로 좋아합니까? 애인과 사랑에 빠진 것처럼 느껴집니까? 나는 농사꾼으로 있다가 대학에 진학하겠다고 결심하고 예비고사를 준비하던 때(1973년), 당시 유행하던 엘비스 프레슬리의 노래를 좋아했습니다. 그의 노래 중에 〈Can't Help Falling in Love〉란 노래가 있습니다. 가사 중에 "내 손을 잡아요. 내 모든 삶도 함께요. 왜냐하면 나는 그대와 사랑에 빠질 수밖에 없거든요."란 부분이 있습니다. 우리가 평생을 바쳐 할 일과 꿈들이 그렇게 '사랑할 수 있는 대상'이 되었으면 좋겠다는 생각이 듭니다. 나는 그 당시 내 꿈을 너무나 사랑했던 것 같습니다. 이 노래를 한번 듣고 내용을 잘 음미해 보기 바랍니다.

Can't Help Falling in Love(Elvis Presley)

Wise men say, only fools rush in
But I can't help falling in love with you
Shall I stay? Would it be a sin?
If I can't help falling in love with you
Like a river flows surely to the sea

Darling so it goes

Some things are meant to be

Take my hand, take my whole life too

For I can't help falling in love with you

현명한 사람들은 말하죠. 바보들이 사랑에 온힘을 다한다고

하지만 나는 그대와 사랑에 빠질 수밖에 없어요.

내가 가만히 있어야 하나요. 그것이 죄가 되나요?

만일 내가 그대와 사랑에 빠질 수밖에 없다면

강물이 언제나 바다로 흐르듯이

그대, 이것은 당연해요. 어떤 것들은 운명이에요.

내 손을 잡아요. 내 모든 삶도 함께요.

왜냐하면 나는 그대를 사랑할 수밖에 없거든요.

재능–
성취가능성이 있어야 한다

교수: 학생은 전에 졸업하고 유학 가고 싶다고 했지?

학생: 예.

교수: 어느 대학에 갈건데? 그리고 준비는 잘하고 있는가?

학생: 미국 주립대학 정도 생각하고 있어요. TOEFL 준비하고 있어요.

교수: 내가 보기엔 학생은 국내 대학에서 석사학위과정을 해 보고 공부에 재능이나 열정이 확인되면 박사학위를 외국에서 해 보면 좋을 것 같은데?

학생: 그래도 한번 도전해 보겠습니다.

교수: 도전하는 것은 자유지만 실패할 경우도 생각해야지.

학생: 예. 알겠습니다.

위의 학생은 학교성적은 안 좋은데 무슨 이유인지는 몰라도 미국 유학을 생각하고 있었습니다. 학부 때 제대로 준비도 하지 않고 바로 미국을 가면 실패할 확률이 높을 것 같아 국내대학을 권했습니다. 내가 그 학생을 결코 폄하하는 것은 아니지만 그동안 학교생활을 보면 미국유학을 성공적으로 해낼 재능이나 능력, 그리고 열정은 아닌 것 같았습니다. 나름대로 노력했다고 하나 졸업할 때까지 영어성적이 되지 못해 바로 유학을 가지 못했습니다.

목표를 성취하려면 열정도 중요하지만 기본적인 재능도 있어야 합니다. 나는 지게를 지며 농사일을 하다가 대학에 진학하기로 결심했을 때 '과연 힘든 공부를 해낼 수 있는 자질이 있는가?'란 생각에 다소 두려움이 있었습니다. 중학교 때부터 대학진학을 포기하고 아버지의 뒤를 이어 농사일을 하기로 했기에 농업고등학교를 다녔고, 국어, 영어, 수학 등 대학입시에 필요한 과목은 소홀했으니 이런 실력으로 합격할 수 있을지 심히 우려되었습니다.

그런데 문득 어렸을 때의 한 가지 기억이 떠올랐습니다. 동네 선배 한 분이 우리 동네 친구들을 모아 놓고 국어책을 펴더니 외우기 시합을 시켰습니다. 거기서 나는 그분이 제시했던 모든 것을 다 외웠습니다. 그런 생각을 하니 공부에 대한 나의 재능, 즉 대학입시 합격가능성에 의심이 가지 않았습니다. 노력은 얼마든지 할 자신이 있었으니까요.

사람들이 자신의 능력을 저평가하는 경우가 허다합니다. 지나치게 허풍을 떨어서도 안 되지만 열등감에서 오는 저평가는 더 큰 문제입니다. 저평가는 '안 되겠다'란 부정적인 생각을 일으켜 아예 도전을 하지 않게 합니다. 세종대왕의 어록에서 도움이 될 수 있는 한 가지 말을 소개해 보겠습니다.

"그대의 자질은 아름답다. 훌륭한 자질을 가지고 아무것도 하지 않겠다 해도 내 뭐라 할 수 없지만 그대가 만약 온 마음과 힘을 다해 노력한다면 무슨 일인들 해내지 못하겠는가."

성공에 이르는 데 재능과 노력, 어느 것이 더 중요합니까? 대부분의 사람들이 아마 재능보다 노력이 더 중요하다고 할 것입니다. "천재란 1%의 재능과 99%의 노력으로 탄생한다."라는 말을 수없이 들었기 때문입니다. 그것은 분명 맞는 말입니다. 스페인의 유명한 바이올리니스트 파블로 사라사테는 재능과 노력에 대해 이렇게 말했습니다.

"천재라고? 나처럼 37년 동안 하루도 빼놓지 않고 14시간씩 연습한다면 누구라도 천재가 될 수 있지!"

노력이 중요하다는 말은 아무리 강조해도 지나치지 않습니다. 앤절라 더크워스는 그의 책, 『그릿(GRIT)』에서 "노력이 재능보다 2배는 중요하다.(성취=재능×노력²)"고 했습니다. GRIT이란 성장(Growth), 회복력(Resilience), 내재적 동기(Intrinsic motivation), 끈기(Tenacity)를 의미합니다.

재능에 노력이 가해지면 어떤 결과가 있을까요? 한 예로 금세기 최고의 축구선수인 크리스티나 호날두가 있습니다. 그는 뛰어난 재능도 있지만 자타가 공인하는 연습벌레라고 합니다. 그에 관해 이런 말이 있습니다.

> "천부적인 재능을 타고난 자가 굉장한 노력과 근면함까지 갖추게 된다면 어디까지 될 수 있는가를 아주 잘 보여 주는 게 호날두의 모습이다."

만약 지금 특별한 꿈이 없다면 어린 시절 자신의 모습을 돌아보기 바랍니다. 특별히 좋아했던 것이 있거나 남달리 잘했던 것들이 있을 것입니다. 그것을 찾아 계발해 보는 것도 좋은 일입니다. 또한 옆의 SWOT 분석표를 이용하여 자신이 가진 꿈에 대해 생각해 보는 시간을 가져 보기 바랍니다. SWOT 분석은 자신의 내부요인으로 강점과 약점, 그리고 외부요인으로 기회와 위협에 대해 분석하는 것을 말합니다. 이것을 잘 파악해 보면 희망하는 직업에 대한 자신의 의지와 준비해야 될 점에 대해 잘 알게 될 것입니다. 부정적 요인으로 작용하는 약점이나 위협요인에는 슬기롭게 대처해 나가면 됩니다. 무엇이든 막연하게 할 생각을 하지 말고 효율적인 실천계획을 수립해야 성공할 수 있음을 알아야 합니다.

<SWOT 분석>

	기회(O):	위협(T):
강점(S):	SO:	ST:
약점(W):	WO:	WT:

* 강점(Strength), 약점(Weakness), 기회(Opportunity), 위협(Threat)

여기서 대학을 졸업하고 취업을 하려다 생각을 바꿔 대학원에 진학하여 나의 연구실에서 공부하고 있는 한 학생의 대학원진학에 대한 SWOT 분석 내용을 소개해 보기로 하겠습니다. 사실 그는 대학을 졸업해도 충분히 취업을 할 수 있었지만 한 분야의 전문가로 성장하기 위해 대학원에 진학하여 현재 박사 과정 중에 있습니다. 지금도 여전히 부족한 부분이 많지만 나름대로 노력하여 상당수준의 실력을 갖추었습니다. 아마 박사학위를 취득하면 전문가로 활동하는 데 기본은 충분히 갖추리라 믿어 의심치 않습니다.

〈SWOT 분석〉 대학원 진학	기회(O) - 재학 시 장학금으로 수학가능 - 졸업 후 희망직업/직장 취득 가능	위협(T) - 취업 강요(경제적 독립) - 선호직장의 경쟁치열
강점(S) - 전공에 대한호감 - 연구업무(R&D) 선호 - 근면 · 성실성	SO - 선호업무 종사가능 - 신분상승 기회획득	ST - 전공연계회사 취업 - 학위소지자 특채기회
약점(W) - 영어 실력 취약 - 스펙 미흡 - 선호직장 취업 불안	WO - 어학이나 전문지식 습득기회 다양 - 실험을 통한 체험	WT - 필요시 파트타임 공부(경제적 부담 경감) - 취약분야 집중훈련

수요-
미래 직업의 변화에 주목하라

학생: 교수님, 우리 전공 앞으로 괜찮을까요?

교수: 왜 그런 질문을 하니?

학생: 향후 없어질 일자리가 많다고 하니까요.

교수: 인류가 존재하는 한 그런 걱정 할 필요는 없어.

우리 학과는 식량을 포함해 인류의 복지를 추구하는 생명과학을 다루는 학과입니다. 그래서 앞으로 더 발전할 분야지 없어질 분야는 아닙니다. 그래서 나는 그 학생에게 자신 있게 말할 수 있었고 그 학생도 열심히 공부했습니다.

모든 것이 급변하는 시대 속에서 일부 학생들은 직업의 미래에 대해 염려합니다. 지극히 당연한 일입니다. 자신의 꿈을 설계할 때도 미래에 각광을 받을 수 있는 직업인지, 즉 지속성(Sustainability)이 있는지를 고려해 보아야 합니다. 이를테면, 사회적 수요(Needs)를 살펴야 한다고 할 수 있습니다.

나의 고등학교 시절(70년대 초)에는 주산(珠算)과 타자를 배우려고 학원에 다니는 학생들이 많았습니다. 그러나 계산기와 컴퓨터가 등장하고 나니 주산과 타자기는 별 가치가 없는 골동품이 되었습니다. 현재 존재하는 많은 직업도 앞으로 그와 같은 처지가 될 것입니다.

지식정보사회의 특성 중 하나는 변화가 매우 빠르다는 것입니다. 컴퓨터와 같은 다양한 전자 장비의 등장에 의해 모든 분야의 발전 속도가 빨라지고, 기계에 의존하는 정도도 높아지기 때문에 사람에 대한 수요가 적어 일자리가 줄어들게 됩니다. 미래에는(여기서 미래를 먼 훗날이라고 생각하면 안 됩니다), 사회구조나 삶의 여건이 바뀌기 때문에 직업의 세계도 크게 변할 것입니다. 미래직업의 변화를 주도할 것으로 예상되는 다음의 2가지 요인을 생각해 봅시다. 생각 이상의 큰 변화가 일어날 것임을 예측할 수 있습니다.

- 4차 산업혁명과 인공지능(AI)
- 저출산, 고령화 사회에 따른 사회적 요구 변화

미래 산업이 직업의 질적, 양적인 면에서 엄청난 변화를 가져올 것이라는 견해에는 모두가 동의합니다. 지금 학창시절을 보내고 있는 청소년들은 미래에 없어지거나 줄어들 직업은 어떤 것들이 있을지 잘 살펴보아야 합니다. 로봇을 비롯한 인공지능 기술이 현재 사람이 하는 일을 과연 얼마나, 어디까지 대체하게 될 것인가를 생각해 보면, 상당수의 일자리가 없어질지도 모른다는 판단이 들 것입니다. “2030년까지 세계 노동자의 15~30%가 일자리를 잃을 것”이라는 전망도 있습니다.

인공지능학자인 제리 카플란은 그의 저서 『인간은 필요 없다』에서 ‘인공지능 시대의 부와 노동의 미래’에 대해 이야기하며 인공지능이 더 발전되어 간다면 어떤 현상이 벌어지는지에 대해서 언급하고 있습니다.

> “기술이 천천히 발전한다면 새로운 기술을 배우고 적응할 여유가 있겠지요. 하지만 기술 발전이 매우 빠를 때 그 영향력은 가히 파괴적입니다. 사람들은 직업을 잃게 될 것이고, 새로운 기술을 배울 시간이 없을 것이며 사회에 쓸모가 없는 존재가 되겠지요. 우리가 직면한 가장 큰 문제는 이런 기술 발달에 가속도가 붙었다는 것입니다.”

4차 산업혁명은 곧 직업의 변화를 의미합니다. 향후 어떤 직업이 새롭게 등장할 것인가에 대해서도 관심 있게 보아야 합니다. 새로운 직업은 사회적, 산업적 구조변화에 따라 자연스럽게 등장하게 지만 능력이 있다면 본인 스스로가 새로운 직업을 창출할 수도 있습니다. 소프트웨어, 앱 개발과 같은 일들이 대표적입니다.

요즘엔 창업을 하는 젊은이들도 늘어나고 있습니다. 직원이 아니라 CEO로서 주체적으로 꿈과 열정을 가지고 변화하는 시대를 주도하겠다는 것입니다. 나는 매우 바람직하게 생각합니다. 주변의 진부한 업종을 모방하는 것보다 새로운 아이디어를 가지고 창업한다면 더욱 좋을 것입니다. 창업몬이 발행한 『오늘, 창업했습니다』란 책이 있는데, "일하는 시간을 스스로 정하고, 쉬고 싶을 때는 과감히 쉬기도 하고 되도록 하고 싶을 때 일하는 삶, 노력한 만큼 정직하게 보수가 돌아오고, 어제보다 오늘 더 성장한 것을 느끼는 삶, 좋아하는 일을 더 적극적으로 하는 삶, 이런 삶을 즐기는 것이 바로 창업"이라고 말하고 있습니다.

창업을 하여 부자가 되는 것도 좋지만, 그보다는 조직 내 획일화된 삶이 아니라 자신이 원하는 세상을 펼쳐 보겠다는 생각을 하면 아마 가슴이 뛸 것입니다. 창업에 관심이 있다면 주변의 참신한 아이디어를 탐색해 보기 바랍니다. 참고로, 미래 직업의 변화에 대해 정리한 자료가 있어 소개해 보겠습니다. 인터넷(윤경로, 2018. 8. 26)에서 발췌한 것인데, 이것은 옥스퍼드 대학의 연구자료를 바탕으로 정리한 것이라 합니다. 직업별 향후 없어질 확률을 보면 이러한 변화가 가져올 미래가 예측불허라는 생각이 듭니다. 과연 얼마나 빨리 그런 변화가 올지 정확히 판단하기는 쉽지 않을 것입니다.

<미래 직업의 변화, 없어질 확률>

직업	확률	직업	확률	직업	확률
텔레마케터	99	세탁업 종사자	71	S/W개발자	04
화물, 창고업 종사자	99	우편배달부	68	조각가, 화가	04
시계수선공	99	치과위생사	68	광고 종사자	04
스포츠 심판	98	기계공	65	수의사	04
모델	98	도서관 사서	65	작가	04
계산원	97	시장조사 종사자	61	법률가	04
리셉션니스트	96	법원속기사	50	산업엔지니어	03
카지노 딜러	96	경제학자	43	프로듀서	02
식당 조리사	96	법원 서기	41	디자이너	02
회계사, 감사	94	법원판사	40	사진작가	02
웨이터	94	통역, 번역자	38	재료과학자	02
단순 사무원(clerk)	94	배우	37	최고경영임원	02
도축업자	93	금융전문가	23	음악감독, 작곡	02
소매상 점원	92	통계전문가	22	생명과학자	02
보험판매원	92	소방수	17	세일즈매니저	01
제빵사	89	댄서	13	간호사	01
버스기사	89	기자, 특파원	11	성직자	01
택시기사	89	경찰	09	중/초등교사	01
부동산 중개사	86	음악가, 가수	07	요리사	01
경비, 보안요원	84	뉴스평론가	07	큐레이터	10
주차 요원	84	사회학자	06	시스템분석가	01
선원, 항해사	83	여행가이드	06	치과의사	00
인쇄업 종사자	83	수학자	05	심리학자	00
건설관련 종사자	71	농부, 목축업	05	외과, 내과 의사	00

<이야기 코너>

나의 첫 꿈 이야기

<첫 꿈: 농촌발전을 위한 축산분야의 지도사>

1. 목적(동기부여)

농촌에서 태어나 가난한 농촌경제의 현실을 보고 농촌부흥을 위해 무엇이든 해야겠다는 의지가 생겼다. 농촌부흥운동의 일환인 4-H 활동[1]을 해 보면서 노력에 앞서 지식이 필요하다는 생각을 하게 되어 대학진학이 우선이라 생각했다.

2. 애정

가난한 가정에 태어나 '가난의 서러움'을 체험했다. 당시 농촌일은 너무나 힘들었기에 공부 같은 것은 잘할 자신이 있었다. 농촌에서 동트기 전부터 어두워질 때까지 일을 했으니 책상에서 공부하는 것은 매우 쉬울 것 같았다. 대

1. 1947년 3월 낙후된 농촌의 생활 향상과 기술 개량을 도모하고 청소년들을 고무하기 위해 시작된 운동. '4H'는 지성(head) · 덕성(heart) · 근로(hand) · 건강(health)의 뜻을 지닌 영어의 네 단어의 머리글자를 나타낸다.

학에 진학한다고 생각하니 너무나 기분이 좋았고 가슴이 뛰었다.

3. 재능

나는 머리가 그리 좋지 않지만 노력하면 될 정도의 재능은 있다고 생각했다. 또한, '남들이 1시간 노력하면 나는 2시간 노력하겠다.'는 것이 나의 신조이기 때문에 무슨 일이든 하면 해낼 수 있겠다는 생각을 했다.

4. 수요

축산은 경종농업에 비해 부가가치가 크다. 국민소득이 증가하면 축산물소비량도 증가하여 산업이 지속적으로 발전할 것으로 확신했다. 실제로 우리나라 및 세계의 축산물 소비량은 지금도 증가하고 있다.

〈자기계발 코너〉

꿈에 대해 자평해 보기

〈꿈: .... **〉**

1. 목적(동기부여)

나는 그 일을 하겠다는 확고한 목적과 동기가 있는가?

목적: ....

....

....

....

동기: ....

....

....

....

2. 애정

나는 그 일을 진정으로 좋아하는가? 어떤 점에서 그러한가?

3. 재능

나는 그 일을 성공적으로 수행해 나갈 재능이 있는가? 어떤 것들이 있는가?

4. 수요

내가 하고자 하는 일은 미래에도 각광을 받을 것인가? 미래 산업과 연관지어 생각해 보자.

넷째 이야기

꿈은 어떻게 해야 이루어질까?

꿈은 어떻게 이루어질까요? 답은 노력, 즉 땀을 흘려야 합니다. 성공한 사람들의 전기를 읽어 보면 쉽게 이룬 업적은 하나도 없습니다. 꿈을 이루고 싶으면 이 단어, SWEAT(땀)를 연상해 보기 바랍니다.

- S(Show off): **꿈을 자랑하며 남의 의견을 들어 보라**
- W(Will): **정말 하고 싶은 의지가 있는가?**
- E(Embarkation): **목표를 향해 가는 배에 일단 승선하라**
- A(Award): **자신과의 약속을 지키면 상(賞)을 주라**
- T(Time management): **시간을 효율적으로 활용하라**

"실패를 걱정하지 말고 목표를 향하여 부지런히 노력하라.
노력한 만큼 보상을 받을 것이다."

– 노만 필(미국의 성직자)

웅성웅성

너 또 꿈 자랑하고 있지?
어떻게 알았어?

이젠 네 표정만 봐도 알겠다!

이룰 수 있게 응원해줘!

꿈을 자랑하며 남의 의견을 들어 보라

학생: 교수님, 저는 미국에 유학 가서 말(馬)을 공부해서 말 전문가가 되고 싶어요.

교수: 좋지. 다른 학생들한테 그 이야기 이미 들었다.

학생: 그래요? 저의 계획이 확고하니 많은 사람들한테 이야기하고 있어요.

교수: 이야기하면서 다른 사람들의 의견도 잘 청취하렴. 다른 교수님들도 찾아뵙고 상의해 봐. 앞으로 말 산업은 전망이 좋으니 열심히 공부해서 그 분야의 최고 전문가가 되어 보렴.

학생: 예. 감사해요.

이 학생은 말에 대한 관심이 많아 늘 말 공부를 하겠다고 자랑을 합니다. 국내에는 말을 공부할 수 있는 데가 마땅하지 않으니 해외로 나가야 하는데, 자랑하는 만큼 준비도 잘하고 있었습니다.

꿈이 있는 사람은 그 꿈을 주변에 자랑해야 합니다. 재일한국인 3세로서 크게 성공한 일본 소프트뱅크 그룹의 CEO인 손정의의 말을 인용해 보겠습니다.

"나는 10대 때부터(남들이 허풍이라 할 정도의) 터무니없어 보이는 목표를 공개적으로 밝혀, 호언장담하는 버릇이 있었다."

그는 "일단 공언하면 자신을 궁지로 몰아넣게 되고, 강한 책임감을 느끼게 된다."며 그것이 성공으로 이어진다고 말합니다. 유태인 속담에도 이와 비슷한 의미 있는 말이 있습니다.

"말이 입안에 있을 때는 네가 말을 지배하지만 말이 입 밖에 나오면 말이 너를 지배한다."

우리나라의 14대 김영삼 대통령은 어린 시절에 자신의 책상에 '미래의 대통령 김영삼'이라고 써 놓고 그 꿈을 이루기 위해 열심히 노력했다고 합니다. 나도 나의 첫 꿈을 꾸고 주변에 자랑했던 때가 있었습니다. 나는 방 벽에다 이렇게 써 놓았습니다. 나 자신에게 스스로 미션을 준 것입니다.

"채병조, 너는 축산전문가가 되어 낙후된 농촌발전에 기여하라."

다시 한번 강조하지만, 자신의 꿈은 주변 사람들에게 계속 자랑해 줘야 합니다. 자신이 우월하다는 생각을 가지고 자랑을 늘어놓는 것을 좋아하는 사람은 별로 없지만, 성장기에 꿈을 자랑하는 것은 어느 정도 필요한 일입니다.

꿈을 자랑한다는 것은 여러 가지 의미를 지닙니다. 이에 대한 나의 견해를 피력해 보겠습니다.

첫째, 자랑은 자신감의 표출이다.

꿈에 대한 자신감이 있어야 꿈을 당당히 말할 수 있습니다. 자랑하는 동안 꿈에 대한 확신이 더욱 공고해집니다. 확신이 없어 말할 수도 없다면, 쉽게 포기하거나 언젠가는 바꾸게 될 것입니다. 꿈은 성취하겠다는 의지가 중요한데, 자주 반복해 말한다는 것은 이미 그 꿈을 향해 열심히 달려가고 있다는 뜻입니다. 끊임없이 자신에게 세뇌를 하는 것입니다. 꿈의 성취를 위해 노력하지 않으면서 말만 하는 사람은 허풍쟁이에 불과하지만 노력이 수반된 다짐은 큰 효과를 지닙니다.

둘째, 자랑은 선포이다.

이미 이룬 것처럼 꿈을 선포하는 것은 매우 중요합니다. 선포한다는 자체가 확신을 가지고 있다는 뜻이며, 성취할 수 있도록 노력하겠다는 약속이고, 성취된 후의 모습을 그려 보며 완벽한 준비를 하는 의식입니다.

인디언 속담에도 "미래에 원하는 일을 만 번 말하면 정말로 이루어진다."라는 말이 있습니다. 자신의 꿈이 있으면 지금부터 주변에 자랑해 보기 바랍니다. 한두 번이 아니라 여러 번 반복적으로, 그것도 여러 사람들에게 해야 합니다. 그런 과정을 통해서 자신의 꿈에 대한 확신이 생기고 주변의 조언을 통해 차츰차츰 꿈의 성취에 다가갈 수 있게 됩니다. "병은 자랑해야 고친다."란 말의 뜻을 알아야 합니다. 주변에는 항상 도움이 될 사람들이 있게 마련입니다. 꿈을 이루는 데는 주변의 조언도 크게 작용합니다. 꿈이 있으면 마음껏 자랑해 보세요. 시야도 우 조티카는『마음의 지도』에서 이렇게 말했습니다.

"학생이 준비되면 스승이 나타난다."

꿈은 자랑하되, 가진 것을 자랑하거나 자신을 드러내는 일은 가능한 하지 않는 것이 좋습니다. 국민일보(2018. 11. 2)에 게재된 아래의 기사를 보면 자랑이 심한 사람은 주변 사람을 부담스럽게 할 수 있습니다.

나를 초라하게 만드는 사람(곽주환)

얼마 전 목회자 한 분을 만났습니다. 이야기도 나누고 식사도 함께했습니다. 목회하며 겪은 이야기도 나눴습니다. 그런데 집으로 돌아와 그분과의 대화를 돌아보니 왠지 마음이 편하질 않았습니다. 아니, 편하지 않은 정도가 아니라 저 자신이 불쌍하게 느껴질 정도였습니다. 그러고는 결정했습니다. 다시는 만나지 않겠다고요. 만나고 싶은 마음이 아예 사라져 버렸습니다. 이런 경험을 하면서 저 자신에게 물었습니다. '혹시 나로 인해 주변 사람을 초라하게 만들지는 않았는가' 하는 것이었습니다. 나 때문에 함께 있던 사람이 스스로 자기 자신을 불쌍하거나 처량하게 느낀 일은 없을까 곰곰이 생각했습니다. 이렇게 자문해 보니 마음이 더 무거워졌습니다. 교만하고 거만한 사람은 주변사람을 초라하고 불쌍하게 만듭니다. 그러나 겸손하고 온유한 사람은 주변 사람들에게 힘과 용기를 줍니다. 마음에 큰 행복을 느끼게도 합니다. 나로 인해 주변 사람을 초라하게 만든다면 나도 모르는 사이에 교만하고 거만한 사람이 돼 버린 것입니다. 성경에 비추어 나를 돌아봐야 하겠습니다.

정말 하고 싶은 의지가 있는가?

학생: 교수님, 저 대학원 가고 싶어요.

교수: 왜 대학원에 가려고 해?

학생: 취업 좀 잘할 수 있다고 해서요.

교수: 학부성적이 별로 좋지 않은데 대학원에 오면 그 많은 공부를 잘 할 수 있겠어? 각오가 돼 있으면 그렇게 해.

학생: 글쎄요.

몇 년 전 4학년 학생이 나를 찾아와 대학원에 진학하겠다는 말을 하기에 대학원은 공부를 엄청 많이 해야 한다고 했습니다. 그랬더니 그 학생은 포기하고 돌아섰습니다. 앞에서도 언급했지만 하기 싫은 것을 하면 중도에 쉬이 포기하게 됩니다. 실제로 대학원에 입학했는데 공부가 감당이 안 되어 포기하는 학생들이 적지 않습니다. 원하는 것(Want)과 하고자 하는 의지(Will)는 다릅니다.

어떤 목표를 이루기 위해서는 불굴의 의지가 있어야 합니다. 앞 장에서 언급했지만, 자신이 좋아하는 것을 하되 포기하지 않을 의지가 뒷받침되어야 꿈을 이룰 수 있습니다 '피그말리온 효과(Pygmalion effect)'란 심리학 용어가 있습니다. 무엇이 될 것이라는 매우 간절한 기대를 가지고 최선을 다하면 그 소원을 이룰 수 있다는 뜻입니다.

27세의 나이로 최연소 백만장자가 되어 기네스북에 오른 전설의 보험왕인 폴 마이어는 57번이나 취업면접에서 떨어졌습니다. 그는 특별히 유능했다기보다 평범한 사람이었습니다. 그러나 아래와 같은 그의 성공철학을 보면 무엇이 그를 성공으로 이끌었는지 알 수 있습니다. 그것은 바로 의지입니다.

> "우리들의 마음속에 그린 것을 생생하게 생각하고 간절히 바라며 깊이 믿고 열정을 다하여 행동하면 그것이 무엇이든지 반드시 현실로 이루어진다."

간절히 원하고 노력하면 무엇이든지 될 수 있습니다. 중도에 포기하지 말아야 합니다. 수적천석(水滴穿石)이란 말이 있습니다. '물방울이 돌을 뚫는다는 뜻'으로, 작은 물방울이라도 끊임없이 떨어지면 돌에 구멍을 뚫듯이, 작은 노력이라도 끈기 있게 계속하면 큰일을 이룰 수 있다는 뜻입니다. 또한 파부침주(破釜沈舟)란 말을 되새겨 볼 필요가 있습니다. 파부침주는 '밥 지을 솥을 깨뜨리고 배를 가라앉힌다'라는 뜻인데, 초나라의 항우가 진나라와 싸울 때 강을 건넌 후 타고 왔던 배를 부수고 솥마저도 깨뜨려 퇴각하지 못하도록 하여, 병사들은 죽기 살기로 싸워 큰 승리를 거뒀다는 일화에서 나온

고사성어입니다. 이 말은 결사항전의 정신으로 임하면 된다는 말입니다.

앞에서도 언급했지만, 우리 주변을 보면 부모의 강요에 의해 하기 싫은 분야의 공부를 하는 자녀들이 있습니다. 어려서는 어쩔 수 없으니 하는 척하지만, 시간이 지나면서 자신의 적성과 맞지 않아 싫증을 느끼고 방황하게 되는 경우가 종종 생깁니다. 스스로 주도하는 삶을 살지 못하니 행복하지도 않습니다.

자신의 내면의 욕구를 외면하고 세상에서 우대받거나 유행하는 일에 연연하는 것도 좋지 않습니다. 오츠 슈이치가 쓴 『죽을 때 후회하지 않는 사람들의 습관』이란 책을 보면 "거짓 희망을 버리고 진짜 꿈을 꾸어라."라는 내용이 있습니다. 또한 "진정한 희망이란 떠나는 날까지 흔들리지 않는 꿈"이라고도 했습니다. 세상의 인기에 연연하여 선택한 직업에서 이런 것을 느낄 수 있겠습니까? 만약 그렇지 않다면, 되새겨 볼 사항입니다.

사람은 누구나 길든 짧든 학창시절을 거칩니다. 이 시기는 자신이 미래 사회 구성원으로 살아가기 위해 필요한 공부를 하는 시기입니다. 특히 대학에서는 미래 직업과 연계되는 공부를 많이 하게 됩니다.

주변에서 가끔 이런 말을 듣습니다. “나는 능력도 재능도 없고 가정형편도 안 되어 하고 싶은 것을 포기할 수밖에 없다.” 이 말은 잘못된 것입니다. 포기를 합리화하는 말입니다. 자신의 환경을 탓하지 말고 최선을 다하기 바랍니다. 어떤 것을 좋아해서 하다 보면 처음보다 점점 더 잘하게 됩니다. 사람의 능력에는 한계가 없습니다.

나는 여기서 젊은이들에게 한 가지 중요한 이야기를 하고 싶습니다. 자신이 진정으로 하고 싶은 일을 열심히 하다 보면, 주변에 도움의 손길이 생긴다는 것입니다. 간단한 예이긴 하지만, 나는 꿈을 가지고 대학에 입학했을 때 경제적인 어려움이 있었습니다. 그래서 열심히 공부했더니 학교에서 장학금을 주어 돈 걱정 없이 졸업할 수 있었습니다.

어떤 사람이 성공하기까지는 본인의 노력과 더불어 주변의 크고 작은 도움이 뒤따르기 마련입니다. 혼자서 모든 것을 해낼 수는 없습니다. 필요하면 주변의 도움도 받아야 합니다. 주변의 도움 없이 성공한 경우는 지구상에 없습니다. 도움은 노력하는 자에게 주어집니다. 일본 후지겐 창업자인 요코우치 유이히로의 말을 인용해 보겠습니다.

“모든 성공은 다른 사람들의 도움이 있어야만 가능하다. 자신이 잘해서 성공했다고 자만하는 순간 성장은 멈춘다. 성공하고 싶다면 당신이 이룬 모든 성과는 다른 사람의 덕이라는 사실을 깨달아야 한다. 그러면 예상하지 못한 더 큰 기회를 갖게 될 것이다."

사람 인(人)자를 보면 서로 기대고 서 있는 두 사람을 볼 수 있습니다. 주변 사람과 어떤 인연을 맺는가에 따라 일상생활이나 직업 세계에서도 질의 차이가 날 것입니다. 항상 사람들을 진심으로 대하도록 하십시오.

잘 알려진 서정주의 〈국화 옆에서〉란 시를 감상해 보길 바랍니다. 국화꽃이 피는데 소쩍새도 울어 준다는 내용입니다. 계획된 일은 힘들다고 포기하지 말고 끝까지 해냅시다. 주변에 그대를 늘 물심양면으로 응원하는 사람들이 있다는 것을 잊지 말기 바랍니다.

국화 옆에서(서정주)

한 송이의 국화꽃을 피우기 위해
봄부터 소쩍새는
그렇게 울었나 보다.

한 송이의 국화꽃을 피우기 위해
천둥은 먹구름 속에서

또 그렇게 울었나 보다.

그립고 아쉬움에 가슴 조이던
머언 먼 젊음의 뒤안길에서
인제는 돌아와 거울 앞에 선
내 누님같이 생긴 꽃이여.

노오란 네 꽃잎이 피려고
간밤엔 무서리가 저리 내리고
내게는 잠도 오지 않았나 보다.

목표를 향해 가는 배에 일단 승선하라

교수: 너, 그 회사 면접에서 탈락했다며?

학생: 예.

교수: 그럼 이번에 중소기업이지만 비전이 있는 회사에서 직원 채용하니 거기 지원해 봐.

학생: 중소기업은 좀 그런 거 같아요.

교수: 아니야. 거기서 잘하면 너가 원했던 그 대기업으로 스카웃이 될 수 있어. 그 이상의 직장도 갈 수 있지.

학생: 생각해 볼게요.

교수: 그래, 거기서 직장생활 시작해도 결코 늦지 않아.

학생: 예. 알겠습니다.

이 학생의 희망은 대기업에 취직하는 것입니다. 그러나 아쉽게도 실력이 안 돼 면접에서 떨어졌습니다. 나는 우선 중소기업에 취직하고 나서 대기업으로 옮기라고 권했습니다. 중소기업에서 대기업으로 옮긴 경험이 있기 때문에 자신있게 말할 수 있었습니다.

여기서 "일단 승선하라."는 말의 의미는 두 가지입니다. 하나는 일을 계획했으면 빨리 시작하라는 것이고, 다른 하나는 어떤 목표가 정해졌는데 목표가 높아 그 일을 당장 할 수 없다면 그보다 낮은 일부터 시작하라는 뜻입니다. 가령, 국회의원이나 대통령이 목표라면 지방자치단체 의원부터 시작해도 된다는 것입니다.

이 학생은 스펙이 그리 좋지 않아 선택의 폭이 매우 좁은데도 불구하고 자신의 입장만 내세우니 취업이 어려웠습니다. 자신의 능력 이상의 직장을 찾으니 쉽지 않습니다. 나는 학생들과 취업상담을 하면서 "취업알선이 결혼 중매하는 것보다 더 어렵다."는 이야기를 많이 했습니다.

결혼 중매인들은 당사자와 그 집안의 장점을 부각시켜 결혼을 성사시키려 합니다. 과거에는 중매쟁이의 영향이 커서 결혼생활에 불만이 생기면 늘 중매쟁이가 나쁜 소리를 들었지만 지금은 전적으로 당사자들이 결정하니 그럴 일은 없습니다.

그런데 취업의 경우, 특히 공채가 아닌 경우, 회사는 교수의 추천을 따르는 경우가 있습니다. 그런데 그렇게 해서 입사한 직원이 일을 잘못하면 교수를 탓하기도 합니다. 반대로 학생이 그 직장이 마음에 들지 않으면 순식간에 그만둡니다. 그러니 자칫 교수는 회사와 학생, 양쪽 모두에게서 불만의 목소리를 들어야 합니다.

요즘엔 대학을 졸업하고 바로 원하는 곳에 취업하기가 그리 쉽지 않습니다. 일자리가 부족하기 때문이랍니다. 물론 틀린 말은 아니지만 나의 생각은 다릅니다. 모두가 처음부터 현재 자신이 가진 능력보다 더 좋은 직장을 원하니까 문제가 생기는 것입니다. 심지어 이름 없는 중소기업에 취업시키려 하니 부모가 반대하는 경우도 있습니다. 분명하게 말할 수 있는 것은 처음부터 큰 것을 기대하면 안 됩니다. 자신의 꿈을 향해 한 단계씩 나아가면 됩니다. 지금까지 살아오면서 나 자신이나, 주변 사람들을 보면서 느낀 것은 '진정한 꿈은 버리지 않는 한 절대로 떠나지 않는다.'는 것입니다.

꿈은 버리지 않으면 떠나지 않는다고 했지만, 꿈을 이루기 위해 같은 분야의 일을 하는 것은 매우 중요합니다. 당장 눈앞에 보이지 않아도 그 분야의 내공이 쌓이면 결국 최종목표를 이룰 수 있게 해 줍니다. 나의 경우, 교수(동물영양학)가 되기 전 중소기업, 다국적 대기업, 축산업협동조합 등 3곳의 직장을 거쳤지만 '사료'라는 공통분모가 있었습니다. 또한 솔직히 말해 학창시절 나의 궁극적인 꿈이 교수는 아니었지만 박사학위를 취득하고 열심히 하다 보면 교수라는 직업도 가능성이 있을 것이란 생각 정도는 해 봤습니다.

나의 첫 꿈은 앞에서 밝힌 바와 같이 축산 농가를 대상으로 기술을 전수하는 것이었습니다. 사료회사 직원으로 일하면서 축산 농가를 지도하는 나날도 즐거웠지만, 교수로서의 역할은 더 의미가 있습니다. 수많은 제자를 양성하였고 그들이 일선에서 다시 축산 농가를 지도하고 있으니 나의 꿈이 제대로 이루어진 셈입니다.

힐튼호텔의 창업자인 콘래드 힐튼은 처음에 호텔의 막노동 종업원으로 시작했다고 합니다. 그는 꿈이 남달랐습니다. 자신의 목표를 가슴에 새기며 열심히 일해서 힐튼호텔을 창업하는 데 성공했습니다. 그는 성공 비결을 이렇게 말합니다.

"내가 호텔 종업원으로 일할 때 나보다 뛰어난 사람은 얼마든지 있었지만 그들은 나처럼 자신의 미래를 생생하게 그리지는 않았어요."

중소기업은 대기업에 비해 다양한 경험을 두루 할 수 있기 때문에 이것저것 배우는 게 많기도 합니다. 열심히 하면 나중에 원하는 곳에 갈 수 있습니다. 직장이 마음에 들지 않는다고 일을 열심히 하지 않는 사람들이 있는데 그것은 회사와 직원, 모두에게 손해입니다. 주어진 상황에서 최선을 다하면서 다음 직장을 준비해야 합니다.

대중교통으로 춘천에서 서울로 가려면 버스, ITX, 지하철 등 여러 가지 방법이 있습니다. 무엇이든 올라타면 서울에 가게 됩니다. 안 타면 못 갑니다. 목적지를 향해 일단은 출발해야 합니다. 인생의 목표가 일단 정해지면

목표를 이루는 데는 다양한 길이 있음을 염두에 두기 바랍니다. 목적지에 빨리 가도 좋지만 좀 늦게 가도 큰 문제가 되지 않습니다. 지금의 대학생들은 100세 시대를 살아가는 젊은 세대이니 너무 조급해하지 말고 목표를 향해 한 발 한 발 힘차게 나아가기 바랍니다.

자신과의 약속을 지키면 상(賞)을 주라

교수: 학생, TOEIC 850점, 언제까지 달성할래?

학생: 이번 학기면 됩니다.

교수: 그래. 이건 나와의 약속이 아니라 너 자신과의 약속이야. 그 목표에 너 스스로 상(賞)을 걸어 봐.

학생: 예. 알겠습니다.

교수: 그 목표달성하면 나는 너에게 치맥을 사겠다. 알겠지?

학생: 정말요? 감사합니다.

이 학생은 학기 내 목표인 토익 850점을 달성하지 못했습니다. 이유는 열심히 공부하지 않았기 때문이라고 스스로 인정했습니다. 자신과는 물론 교수와의 약속도 지키지 못한 셈입니다.

자신과의 약속을 지키지 못하는 사람들이 많습니다. 나도 그런 부류의 한 사람입니다. 솔직히 말해서 나도 지금까지 살면서 나 자신과의 약속을 어긴 적이 한두 번이 아닙니다. 그런 면에서는 내 자신이 자랑스럽지 못합니다.

우리가 부끄러워해야 할 것은 자신과의 약속을 저버린 나약한 내가 되었을 때입니다. 남에게는 관대하되 자신에게는 엄격해야 합니다. 성공한 사람들은 대개 자신과의 약속을 잘 지키는 사람들이란 사실을 명심합시다.

학창시절 자신과의 약속을 한다면 대개 공부와 관련됩니다. 공부에 대한 계획을 세우고 그것을 잘 수행해 나가면 반드시 목표를 이루고 성공하게 됩니다. 이행하지 못할 약속은 아예 하지 말아야 합니다. 예를 들어, 이른 새벽 일찍 일어나겠다고 시계에 알람을 설정해 놓고 그 시간에 일어나지 못한다면 차라리 알람 없이 단잠을 자는 게 훨씬 좋습니다.

자기 자신을 칭찬해 본 적이 있습니까? 대개 칭찬은 남에게 하는 것이지만 자기 자신에게도 칭찬이 통한다고 합니다. 세바스티안 라이트너의 『공부의 비결』을 보면 이런 말이 있습니다.

> "성공적으로 학습을 하고자 한다면 작지만 성공적인 학습이 이루어졌을 때마다 스스로를 칭찬해야 한다. 매번 성공하는 사람들의 공통점은 바로 자기 자신을 끊임없이 칭찬할 줄 안다는 것이다."

자신이 뭔가 잘 해냈다면 스스로 칭찬하고 상을 주면 어떨까요? 나는 해 보았습니다. 그러면 기분이 더 좋아지고 더 잘하려는 의욕도 생깁니다. 나는 어떤 계획을 세우고 실천해서 성공하면 혼자라도 맛있는 음식도 사 먹고, 평소에 사고 싶었던 물건도 사곤 합니다. 그리고 이렇게 말합니다.

"수고했다. 참 대단하다.
해낼 줄 알았다. 고맙다."

여기서 나 스스로 느낀 '공부를 잘할 수 있는 비결'을 제시해 보겠습니다. 그 비결은 공부와 친해져야 한다는 것입니다. 친해지는 방법은 간단합니다. 책과 자주 만나야 합니다. 사람도 자주 만나면 친해집니다. 어차피 할 공부라면 억지로 하지 말고 친해져서 재미를 붙여 가며 할 것을 권합니다. 그래야 공부의 능률이 향상됩니다.

김영훈이 쓴 『공부의욕』이란 책을 보면 "뇌를 기쁘게 해야 한다."는 흥미로운 내용이 있습니다. '도파민'이라는 호르몬이 분출되면 공부를 잘할 수 있다는 것입니다. 도파민에 의한 자기주도 학습이 공부의욕을 깨우는 핵심 열쇠라고 합니다. "힘들지? 고생 많다. 조금만 더 참아."라는 말은 공부란 고통스럽다는 선입견을 주므로, "재밌지? 수학은 공부할수록 재밌는 과목이야."라고 말하라고 조언합니다.

나는 솔직히 말해 박사학위까지 받았지만 공부가 좋아서 한 것이 아니라 '해야 하니까' 했습니다. 그러나 자꾸 하다 보니 재미가 붙어 나름대로 열심히 하게 되었습니다. 즉, 하기 싫었지만 인내를 가지고 해 오다 보니 적응이 된 것입니다.

살다가 보면 어려운 일, 하기 싫은 일을 많이 겪게 됩니다. 이런 것들을 슬기롭게 극복해야 합니다. 영국의 커뮤니케이션 이론가 폴 스톨츠가 제안한 이론으로 역경지수(AQ: Adversity quotient)란 말이 있습니다. 수많은 역경에도 굴복하지 않고 끝까지 도전해 목표를 성취하는 힘을 IQ처럼 지수화한 것입니다.

사람을 어려움이 닥쳤을 때 포기하는 사람(Quitter), 안주하는 사람(Camper), 극복해 나가는 사람(Climber)으로 구분하는데, 지능지수(IQ)나 감성지수(EQ)보다 AQ가 높은 사람이 더 성공한다는 논리입니다. 그대는 어떤 사람입니까?

학창시절에는 대개 공부가 '하기 싫거나 어려운 일'로 여겨집니다. 역경지수를 공부와 연결하는 일이 꼭 옳지만은 않을 수도 있습니다. 그러나 형편이 어려운데도 불구하고 열심히 공부하여 목표를 달성하고 성공하는 사람은 틀림없이 역경지수가 높은 사람일 것입니다. 누구든지 그렇게 될 수 있습니다. 지금 당장은 힘들어도 역경지수 역시 훈련으로 높일 수 있음을 아셔야 합니다.

도종환의 〈흔들리며 피는 꽃〉이란 시가 있습니다. 감상해 보기 바랍니다. 꽃은 흔들리며 핀답니다. 이 세상 어떤 아름다운 꽃들도 다 흔들리며 핀답니다. 우리의 삶에서 성공도 마찬가지가 아닐까요?

흔들리며 피는 꽃(도종환)

흔들리지 않고 피는 꽃이 어디 있으랴
이 세상 그 어떤 아름다운 꽃들도
다 흔들리면서 피었나니
흔들리면서 줄기를 곧게 세웠나니
흔들리지 않고 가는 사랑이 어디 있으랴

젖지 않고 피는 꽃이 어디 있으랴
이 세상 그 어떤 빛나는 꽃들도
다 젖으며 젖으며 피었나니
바람과 비에 젖으며 꽃잎 따뜻하게 피웠나니
젖지 않고 가는 삶이 어디 있으랴

시간을 효율적으로 활용하라

교수: 학생, 왜 레포트를 늦게 내지? 미안하지만 마감일이 지나서 못 받겠다.

학생: 죄송합니다. 이번만 받아 주시면 안 될까요?

교수: 너 지난 학기도 그런 식으로 말하던데?

학생: 앞으론 시간 잘 지키겠습니다.

교수: 안 돼. 넌 그게 습관이 되었어. 안 된다는 것이 있다는 것도 빨리 알아야 돼.

이 학생은 시간 개념이 희박하다는 생각이 들었습니다. 지각을 자주 하고, 레포트도 제때 안 내고 늦게 와서 사정을 합니다. 대학 생활에 시간관리 개념이 없습니다. 그러니 되는 게 없는 것 같습니다.

어떤 목표가 정해지면 그것을 성취하는 데 주어진 시간을 효율적으로 활용해야 합니다. 현대의 삶은 해야 할 일이 많습니다. 정해진 기한 내에 계획에 집중하지 않으면 애써 세운 목표를 성취하기가 불가능합니다.

잘 세워진 목표는 아래에서 보는 바와 같이 꼭 기한(Time limit)이 있어야 합니다. 예를 들면 목표를 1개월 또는 1년이란 기한 내에

달성하겠다는 계획이 수립되어야 합니다. 기한이 없는 계획은 달성하기 쉽지 않습니다. 가령 '나는 공무원이 되겠다.'란 목표를 세웠으면 아래와 같이 잘 알려진 SMART 기법에 의거해 주도면밀하게 실행계획을 세우고 달성시점(기한)을 정해야 합니다.

<목표(예): 나는 공무원이 되겠다>

S:구체적인 목표(Specific)	9급 일반 행정직 공무원
M:측정가능한 계획(Measurable)	1년간 준비, 과목별 1시간/일
A:실행계획(Action-oriented)	학기중-도서관, 방학-학원수강
R:실현가능성(Realistic)	1년간 공부하면 합격 확신
T:예정기한(Timely)	2020년 3월 시험 응시

"지금의 행복은 과거 잘 보낸 시간의 보상이며, 지금의 불행은 잘못 보낸 시간의 보복이다."

이것은 박호근 하프타임코리아 대표가 한 말인데 나는 나의 삶을 돌아보며 이 말에 절대적으로 공감하고 있습니다. 이 말의 의미를 잘 새겨보면 우리가 지금 보내고 있는 시간에 대한 생각을 새롭게 해 볼 필요가 있습니다. 대학 시절, 특히 저학년 때는 시간을 잘 활용해야 합니다. 왜냐하면 시간을 적당히 보내도 학점이나 취업 등 미래에 부딪히게 될 일들에 대해 그리 부담을 느끼지 못하는 시기이기 때문입니다.

아무튼 목표를 설정하고 그 목표달성을 위해서는 많은 시간을 투자해야 하는데, 그러한 방법을 나의 경험을 바탕으로 3가지 관점에서 제시해 보겠습니다. 물론 비슷한 내용이지만 접근 방법은 조금 다르다고 할 수 있습니다. 대학 시절 다양한 경험을 하기 위해 시간을 투자하되 그렇다고 시간을 의미없이 보내지는 말자는 뜻입니다. 안 해도 될 일은 하지 말고, 일상적으로 해야 할 일은 하되 시간을 최대한 아껴서 목표달성에 투자할 시간을 늘려보기 바랍니다.

첫째, 해야 할 일에 순서를 정한다.

중요하지 않은 일에 시간을 낭비하지 말아야 합니다. 정해진 목표를 달성하려면 시간관리(Time management)를 철저히 해야 하는데, 일의 중요성과 긴급성을 고려해서 시간을 활용하는 지혜가 필요합니다. 일상에서 해야 할 일을 분류하여 어떤 것을 먼저 해야 하는지 잘 판단해야 합니다. 대부분의 사람들은 중요하면서 긴급하다고 생각되는 것을 우선 처리합니다. 그런데 게으른 사람들은 중요하지도 않고 급하지도 않은 일로 시간을 허비한다고 합니다. 반면에 현명한 사람들은 중요하지만 긴급하지 않은 일도 평소에 잘 준비해 나갑니다. 그대는 어떤 사람입니까? 아마 여기서 제시한 2순위와 3순위에 혼란스러운 사람들이 많을 것입니다.

<일의 중요도와 긴급성>

	긴급한 것 (Urgent)	긴급하지 않은 것 (Not urgent)
중요한 것 (Important)	1순위	2순위
중요하지 않은 것 (Unimportant)	3순위	4순위

하루 일과를 시작하기 전에 그날 할 일을 정리해 보고, 이와 같이 시간을 제대로 활용할 수 있도록 계획을 세워야 합니다. 나중에 해도 되거나 안 해도 되는 일은 하지 말아야 합니다. 유필화가 쓴 『무엇을 버릴 것인가』란 책을 보면 아래와 같은 말이 있습니다.

"과감하게 버려라,
그래야 지켜야 할 것이 보인다!"

내려놓을 일은 내려놓아야 합니다. 중요하지 않은 일을 하며 헛되게 시간을 보내는 일은 하지 말아야 합니다. 학창시절에 목표를 세웠다면, 그것을 달성하기 위해서 필요하다면 하고 싶은 일도 잠시 미루어야 합니다. '선택과 집중'이란 말이 있듯 정해진 목표를 달성하려면 포기하는 것도 있어야 합니다.

둘째, 일상적으로 해야 할 일이라도 시간을 절약한다.

해야 할 일을 하되, 일상적으로 사용되는 시간을 최대한 줄여서 목표달성에 필요한 시간에 더 투자를 하는 것입니다. 누구에게나 1일 24시간이 주어집니다. 1일 24시간을 잘 활용하여 가용시간을 늘리는 방법을 다음과 같이 생각해 보기 바랍니다. 여기서 가용시간이란 목표한 일에 집중할수 있는 추가시간을 의미합니다.

〈가용시간 늘리는 방법과 효과〉

• 방법(목표: 1일 최소 2시간)

– 수면시간 40분 단축: 1일 1시간 단축 가능함

– 자투리 시간 40분 활용: 자투리 시간은 대개 허비함

– 스마트폰 이용 20분 단축: 보통사람의 경우 1일 30~60분 가능함

– 각종 만남의 시간 20분 단축: 30분 이상 가능함

• 효과(1일 2시간 추가 시)

– 1주일 기준: 14시간 증가

– 1개월(30일) 기준: 60시간(2.5일) 증가

– 1년(365일) 기준: 730시간(30일) 증가

여기서 수면시간을 예로 들면, 1일 40분 단축은 목표로 정했지만 실제로 1일 1시간 단축이 가능하다는 뜻입니다. 나는 대학 시절 대학원에 가기로 작정했을 때 그 이전에 비해 수면시간을 1시간 정도 줄였습니다(7시간에서 6시간으로). 자투리시간의 경우, 오전 수업이

11시에 끝나고 오후수업이 1시에 시작된다면 자칫 2시간을 허비할 수 있을 것입니다. 대학에서는 이렇게 1~2시간 비는 자투리시간이 많이 있는데 이것을 잘 활용해야 한다는 뜻입니다. 스마트폰 사용시간이나 각종 만남의 시간도 아껴서 효율적으로 사용합시다. 각자 가용시간을 늘리는 나름의 방법을 찾아보면 아마 1일 1~2시간은 쉽게 확보할 수 있으리라 생각합니다.

셋째, 동선관리를 잘해야 한다.

목표를 달성하기 위해서는 불필요한 곳에 가급적 가지 않거나 가더라도 머무는 시간을 줄여야 합니다. 여기서 동선(動線)관리란 아침에 등교해서 저녁에 귀가할 때까지 다녀간 곳과 머문 시간을 점검해 보는 것입니다. 학교 강의실, 도서관, 카페, 식당, 심지어 술집에 이르기까지, 안 가도 될 곳이나 지나치게 많은 시간을 보낸 곳이 있는지 점검해 보고 시간을 보다 효율적으로 활용할 수 있는 방법을 강구해야 합니다. 가령, 카페에서 특별한 일 없이 1시간을 보낸다면 그건 시간낭비가 아닐까요? 대학 시절 하루 1시간을 너무 소홀히 생각하면 안됩니다.

여기서, 두 학생의 1일 동선과 사용시간을 비교해 보겠습니다. 하루 일과를 보내는 내역을 보면 당연히 A학생은 공부를 열심히 하는 학생이고, B학생은 강의만 듣고 공부는 소홀히 하는 학생으로 보입니다. 한 예에 불과하지만 자신의 1일, 1개월, 1학기 단위로 내용을 분석해 보면 대학 생활을 어떻게 해야 할지 생각이 떠오를 것입니다. 1학기를 잘 보내면 자신의 달라지는 모습을 스스로 느끼게 될 것입니다. 시간을 사용하는 것도 계획에 의해 이루어져야 합니다.

<table>
<tr><th rowspan="2">시간</th><th colspan="2">A학생</th><th colspan="2">B학생</th></tr>
<tr><th>장소</th><th>사용시간</th><th>장소</th><th>사용시간</th></tr>
<tr><td>09-10</td><td rowspan="3">강의실
(수업)</td><td rowspan="3">3시간</td><td rowspan="3">강의실
(수업)</td><td rowspan="3">3시간</td></tr>
<tr><td>10-11</td></tr>
<tr><td>11-12</td></tr>
<tr><td>12-13</td><td>식당/카페</td><td>1시간
(점심, 친구 만남)</td><td rowspan="2">식당/카페</td><td rowspan="2">2시간
(점심, 친구 만남)</td></tr>
<tr><td>13-14</td><td rowspan="2">도서관</td><td rowspan="2">2시간
(개인공부)</td></tr>
<tr><td>14-15</td><td>동아리</td><td>1시간
(동료들과 잡담)</td></tr>
<tr><td>15-16</td><td rowspan="2">강의실
(수업)</td><td rowspan="2">2시간</td><td rowspan="2">강의실
(수업)</td><td rowspan="2">2시간</td></tr>
<tr><td>16-17</td></tr>
<tr><td>17-18</td><td>헬스장
(운동)</td><td>1시간</td><td rowspan="2">PC방 및 당구장</td><td rowspan="2">2시간</td></tr>
<tr><td>18-19</td><td>식당/카페</td><td>1시간
(저녁, 친구 만남)</td></tr>
<tr><td>19-20</td><td rowspan="2">도서관</td><td rowspan="2">2시간
(개인공부)</td><td rowspan="2">식당/술집</td><td rowspan="2">2시간
(식사, 음주)</td></tr>
<tr><td>20-21</td></tr>
</table>

시간활용을 잘하면 목표달성에 크게 도움이 됩니다. 대학 시절 잠자는 시간을 조금 줄여도 그것이 습관화되면 건강에 큰 문제가 되지 않을 것입니다. 아래의 벤자민 프랭클린이 한 말을 되새겨 보면 시간관리의 중요성을 실감할 수 있습니다.

"그대는 인생을 사랑하는가?

그렇다면 시간을 낭비하지 말라.

왜냐하면 시간은 인생을 구성한 재료니까.

똑같이 출발하였는데,

세월이 지난 뒤에 보면 어떤 사람은 뛰어나고

어떤 사람은 낙오자가 되어 있다.

이 두 사람의 거리는 좀처럼 접근할 수 없는 것이 되어 버렸다.

이것은 하루하루 주어진 시간을 잘 이용했느냐

이용하지 않고 허송세월을 보냈느냐에 따라 달려 있다."

대학을 졸업하고 10년, 또는 20년 후에 동창들의 위치(사회적 지위, 재력 등)를 비교해 보면 적지 않은 차이가 있음을 알 수 있습니다. 무엇이 그런 차이를 만듭니까? 여러 가지 요인이 있겠지만 나는 시간 관리, 즉 '누가 주어진 시간을 더 잘 활용했느냐.'라고 말하고 싶습니다. 미국의 시인이자 작가인 칼 샌드버그의 말이 의미 있게 다가옵니다.

"시간은 인생의 동전이다. 시간은 네가 가진 유일한 동전이고, 그 동전을 어디에 쓸지는 너만이 결정할 수 있다. 너 대신 타인이 그 동전을 써버리지 않도록 주의하라."

<이야기 코너>

자수성가한 위인들이 전하는 성공조건

세상에는 어려운 가운데서도 성공한 사람들이 적지 않습니다. 아래 10인이 성공조건으로 말하는 것 중 하나씩만 제시해 보겠습니다.

1. 미술가로 취직해 한 달 만에 해고된 월트 디즈니(디즈니랜드 창업자)

   – 나의 상상력이 현실을 만든다.

2. 비서에서 두 번이나 잘린 경력의 조앤 롤링(해리포터 작가)

   – 주어진 환경을 탓하지 말아라.

3. 호텔 허드렛일을 했던 마이클 조던(NBA 레전드)

   – 성공에는 지름길이 없다. 한 걸음씩 나아가는 것뿐이다.

4. 채석장 인부 경력의 요한 바오로 2세(교황)

   – 이성적인 '머리'가 아닌 진심한 '가슴'으로 이야기하라.

5. 운동화 빠는 일을 했던 데이비드 베컴(영국축구 레전드)

– 아무도 알아주지 않는다고 해서 낙담하지 말라.

6. 여성 속옷 매장 출신의 매들린 올브라이트(전 미국 국무장관)

– 여성이기 때문에 안 된다는 생각은 버려라.

7. 식당 종업원으로 일했던 앤드류 그로브(인텔 회장)

– 오직 한 가지 일에만 몰두하는 편집광만이 살아남는다.

8. 체육교사 지망생에서 명장이 된 거스 히딩크(축구감독)

– 게으르고 열심히 하지 않으면 성공할 수 없다.

9. 양복점 점원으로 일했던 루치아노 베네통(베네통 창업자)

– 자신만의 장점을 찾아서 다른 사람과는 다른 방법으로 시도하라.

10. 약국 견습점원 출신의 아사 캔들러(코카콜라 창업자)

– 일할 때는 늘 도덕성을 생각하라.

(출처: 『꿈꿀 수만 있다면 이룰 수 있다』, 진희정 저)

<자기계발 코너>

꿈을 이루기 위한 전문가 조언 듣기

자신의 꿈을 이루려면 어떤 노력과 준비가 필요한지 전문가 세 분을 만나 보고 정리해 보세요.

나의 꿈: ....

전문가 1. 이름: .... 직업: ....

*전문가 의견:

....

....

....

....

....

....

....

전문가 2. 이름: .... 직업: ....

*전문가 의견:

전문가 3. 이름: .... 직업: ....

*전문가 의견:

다섯째 이야기

꿈을 품을 수 있는 마음가짐이 중요하다

누구나 원하는 꿈을 꾸고 이루고 싶어 하지만 그렇게 안 되는 경우가 적지 않습니다. 이것은 환경이 걸림돌이 되는 경우도 있으나 마음의 문제도 큰 몫을 차지하고 있습니다. 꿈을 꾸고 성취해 나가는 데 다음과 같은 사항을 고려해 보아야 합니다.

- **올바른 성품을 함양하라**
- **성장과정에서 쌓인 내면의 상처를 치유하라**
- **'할 수 있다'는 자신감을 가져라**
- **'불행하다'는 착각에서 벗어나라**

"성공한 농구선수가 되는 것이 첫 번째 목표였지만,
그보다 더 중요한 것은 성숙한 인간이 되는 것이라고 생각했습니다.
그 누구에게도 떳떳한 모습을 보이자고 항상 내 자신을 단속했습니다."

– 마이클 조던(NBA 레전드)

표정이 왜 그래~
안 좋은 일 있었어?

걔 있잖아~ 집 잘 산다는 친구.
아빠가 고등학교 졸업선물로
차 뽑아줬대~

그래서 그런 표정이었어?
왜 별것도 아닌 일에 신경 쓰냐?

누구는 금수저, 누구는 흙수저.
너무 불공평한거 같지 않아?
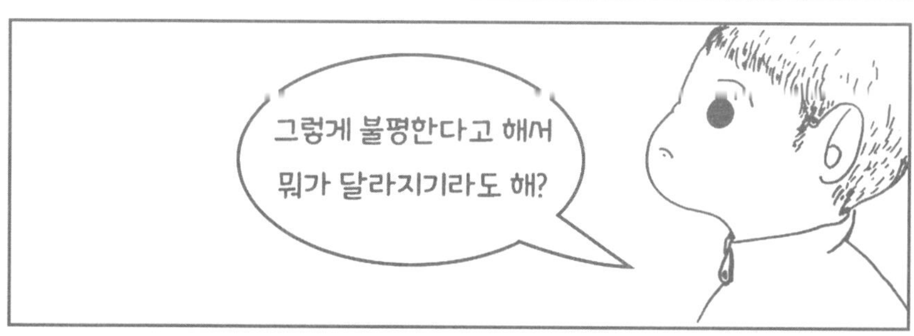
그렇게 불평한다고 해서
뭐가 달라지기라도 해?

올바른 성품을 함양하라

교수: 학생, 수업태도가 그게 뭐니? 버릇없게.

학생: 제가 뭐 어때서요?

교수: 넌 뭐가 문제인지도 모르는구나.

학생: ….

이 학생은 내가 교수로서 학생의 잘못된 점을 지적했더니 매우 불쾌하게 생각하고 있었습니다. 학기 첫 수업시간에 학생들에게 기본적인 예의를 지켜줄 것을 당부했지만 지키지 않습니다. 예의에 어긋나는 모습을 몇 차례 보고 연구실로 불러서 잘 타일렀더니 그 후로는 자신이 잘못을 인정하고 달라져서 매우 기분이 좋았습니다.

수업시간에 일부 학생들을 보면 '참 버릇없구나!'라는 생각이 들 때가 가끔 있습니다. 지각은 다반사고, 수업 중에 스마트폰이나 만지고, 입도 안 가리고 하마처럼 입을 크게 벌리고 하품하다가, 졸다가, 졸지 않으면 옆 학생과 잡담하고 등등 버릇없는 행동을 가끔 접하게 됩니다. 대학에서 그런 학생들을 불러서 훈계를 하는 것이 오히려 이상하게 생각되지만 나는 가끔 불러서 대화를 해 봅니다. 반응은 반반인 것 같습니다. 물론 나의 강의가 그들을 집중하지 못하게 한 것으로도 생각됩니다.

학교에서 태도가 불손한 학생들을 보면 짜증이 나기도 하지만 나는 먼저 나의 세 자녀를 머릿속에 떠올립니다. 그들도 혹시 다른 사람들에게 버릇없는 모습을 보이지 않을까 노심초사하게 됩니다.

근래 "교사의 권위가 무너졌다."란 말을 자주 듣습니다. 중·고등학교 다닐 때 태도가 좋지 않은 학생은 대학에 가도 좋아지지 않습니다. 어떤 때는 버릇이 없는 것인지 거만한 건지 도대체 알 수 없습니다. 가정교육이 잘못된 것인지, 학교교육이 잘못된 것인지 판단하기 어렵습니다. 어쨌든 태도에 관해 기본이 안 된 학생이 적지 않습니다. 그런 학생들은 학점이 좋지 않을뿐더러 학교생활이나 친구관계도 그리 원만하지 않은 편입니다.

"지금 우리나라 중·고등학교 아이들은 극도의 스트레스 속에서 자라고 있습니다. 오로지 1등을 향한 경쟁에만 익숙할 뿐, 협력, 양보, 배려, 이해, 사랑 같은 인간다운 품성을 키우는 교육을 받지 못하고 어른이 됩니다."

이 말에 동의합니까? 이것은 황창연이 쓴 『삶 껴안기』란 책에 있는 말인데 나는 전적으로 동의합니다. 성적이 상위권일수록 성적에 대한 스트레스는 클 것이고, 성적이 낮으면 낮은 대로 온갖 스트레스에 휘말리니 성품이란 사치스러운 언어가 되어 버렸습니다.

성품(Character)은 그 사람의 태도를 보면 알 수 있습니다. 성품이 올바르지 못한 사람은 대체로 태도가 불량하고 인격에 문제가 있습니다. 태도가 불량하면 도덕(Ethics)이나 예절(Manner)과도 거리가 멀게 됩니다. 나는 살아가면서 특히 버릇없는 학생들을 대할 때 어린 시절 아버지가 늘 하시던 말씀이 자주 생각납니다. '윗사람을 대할 때 지켜야 할 일'에 대해 많은 말씀을 하셨는데 3가지만 예를 들어 보겠습니다. 이런 말을 하면 학생들에게 혹시 '꼰대(?)같은 소리 한다.'란 말을 들을까 봐 두렵기도 합니다.

- 윗사람과 마주치면 먼저 공손하게 인사해라(존경)
- 윗사람이 지나가실 때는 반드시 길을 비켜 드려라(양보)
- 윗사람이 하시는 말씀은 늘 새겨들어라(경청)

과거에 젊은이들은 어른들에게 말대꾸도 제대로 못 했습니다. 그것이 반드시 옳은 것은 아니지만 오늘날 젊은 사람들이 노인에게 하는 대우를 보면 그냥 지나치기 힘들 때가 있습니다. 1925년생인 우리 아버지는 초등학교 정도의 학교 교육을 받으셨지만 당시 사회 분위기로 인해 어른에 대한 예절을 충분히 습득하셨고 그렇게 사셨습니다.

학창시절 공부만 잘한다고 성공하는 것은 아닙니다. 성공에도 필요한 요인이 있습니다. 사회학자 커밍 워크는 사람의 성공 4가지 요인을 머리(Intelligence), 지식(Knowledge), 기술(Technique), 그리고 태도(Attitude)라 했습니다. 그런데, 그는 이 네 가지 요인 중에서 성공적인 삶에 결정적인 영향을 주는 것은 태도이며, 이것이 93% 이상을 차지한다고 말합니다. 그의 태도에 관한 말을 인용해 보겠습니다.

> "태도를 보면 그 사람의 성공을 가늠할 수 있는데 이런 태도는 아무리 많은 돈을 주어도 살 수 있는 것이 아니다. 태도는 나의 과거를 보여 주는 도서관, 나의 현재를 말하는 대변인, 나의 미래를 말해 주는 예언자이다."

태도는 겉으로 잘 꾸며낸 가식이 아닙니다. 사람과 일을 대할 때 얼마나 성실하게 몰입하느냐를 가늠하는 기준입니다. 시장에 가서 장을 볼 때도 지루한 표정으로 가만히 앉아 있는 상인과 적극적으로 소리치면서 행인을 끌어오려는 상인이 있으면 누구에게 눈길이 갑니까? 또 백화점에서 공손하고 미소 짓는 얼굴로 손님을 대하는 점원에게서 더 물건을 사고 싶지 않습니까?

태도는 인격이라고 할 수 있습니다. 인격이 결여된 사람은 대체로 자기조절능력이 부족하고, 이는 자기주도성, 인내심, 성실성, 자제력 등에도 영향을 미칩니다. 자기조절능력이 낮으면 충동조절장애(Impulse control disorders)로도 연결될 수 있습니다.

요즘 충동조절장애가 사회문제로 대두되고 있습니다. 사소한 시비로 폭력을 넘어 살인에 이르기도 하니 심각한 문제가 아닐 수 없습니다. 사람은 대개 혼자 살지 않고 공동체 생활을 하기 때문에 다른 사람과의 관계에서 오는 감정을 잘 다스릴 줄 알아야 합니다. 그렇지 못하면 언제 무슨 일이 일어날지 모릅니다. 만일 그대가 어떤 일에 몹시 화가 난다면 그 화를 어떻게 처리하겠습니까? 대단히 어려운 질문일 것입니다. 아리스토텔레스는 이렇게 말했습니다.

> "누구든지 성을 낼 수 있다. 그것은 쉬운 일이다. 그러나 올바른 대상에게 올바른 정도로, 올바른 시간에, 올바른 목적으로, 올바른 방식으로 성을 내는 것은 모든 사람들이 할 수 있는 일이 아니며 쉬운 일도 아니다."

참으로 적절한 표현이 아닐 수 없습니다. 자기조절능력이 부족한 사람은 대인관계가 원만하지 못한 경우가 많습니다. 대인관계가 원만하지 못한 사람은 '더불어 사는 세상'에서 결코 행복할 수 없습니다. 조지 베일런트는 『행복의 조건』이란 책에서 "삶에서 가장 중요한 것은 인간관계"라고 했습니다.

사회 속에서 태도가 나쁜 사람은 원활한 인간관계를 맺지 못해 자연스레 도태된다고 합니다. 태도나 성격이 원만하지 못한 사람은 가는 곳마다 문제나 싸움을 일으키기도 하는데, 그들을 말썽꾼(Troublemaker)이라 합니다. 그 반대의미로 싸움을 조정하는 사람은 조정자(Peacemaker)라고 합니다. 그대는 어떤 사람입니까? 이들 간에는 어떤 차이가 있겠습니까? 누가 더 행복하게 살아가겠습니까?

이수훈이 쓴 『왜 그 교회는 젊은 부부가 몰려올까?』란 책을 읽으면서 아래의 문장에서 시선이 오래도록 머물렀습니다. 요즘 일부이긴 하지만 사회지도층이 일으키는 문제를 보면서 공감을 느끼기 때문입니다.

"온 세상의 재앙은 무너진 인격에서 시작되고 있다. 높은 자리에 올라갔다가 하루아침에 무너지는 사람들은 그들에게 지식이 없어서 그런 것이 아니다. 올바른 인격을 갖추지 못해 부정하고 부패하여 사람들에게 욕을 먹다가 스스로 무너지는 것이다."

사람의 태도나 성격은 한 번 형성되면 바꾸기가 쉽지 않습니다. 생활습관도 마찬가지입니다. 이것은 마치 '용수철' 같아서 평소에는 잘 억누르고 있다가 어떤 돌발 상황이 발생되거나 흥분하면 그대로 나타나기 쉽습니다.

사람의 인격은 자기보다 못한 사람이나 아랫사람을 대하는 태도를 보면 쉽게 알 수 있다고 합니다. 미국의 비즈니스 사회에는 웨이터의 법칙(Waiter rule)이란 말이 있습니다. 미국 방위산업체 CEO인 빌 스완슨은 그가 정리한 '책에서는 찾을 수 없는 비즈니스 규칙 33가지'에서 "당신에게는 친절하지만 웨이터나 다른 사람에게 무례한 사람이라면 절대 비즈니스 파트너로 삼지 말라."라고 했습니다. "다른 건 간혹 상황에 따라 달라질 수 있지만 이 웨이터 법칙만은 결코 오차가 없는 확실한 비법입니다."란 그의 말을 되새겨 보면 이 웨이터의 법칙은 틀림없는 사실인 거 같습니다. 요즘 우리나라 도처에서 벌어지고 있는 '갑질' 행태를 보면 쉬이 이해가 됩니다.

나는 이 책에서 강조하고 싶은 게 여러 가지가 있습니다. 그중 하나는 바로 훌륭한 인격의 소유자가 궁극적으로 성공한다는 것입니다. 성공하는 사람에게는 열정(Passion)도 있지만 동정심(Compassion)이 있습니다. 그대에겐 열정이 있습니까? 열정은 그대가 원하는 부나 명예나 권력을 안겨 줄 수 있습니다. 그러나 그것을 지키는 데는 동정심이 필요합니다. 동정심은 인격에서 비롯됩니다. 인격이 갖추어지지 않은 사람의 성공은 일시적일 수 있습니다. 패배를 넘어 심지어 목숨까지도 내어 놓아야 하는 처지에 이를 수도 있습니다.

올바른 성품은 그냥 얻어지는 게 아닙니다. 크게 성공한 사람도 올바른 성품을 키우는 것에서 자유롭지 않습니다. 성품은 매우 아끼는 화분처럼 꾸준히 가꿔 나가야 합니다. 원원의 『성공에 이르는 7가지 관문』이라는 책에 있는 인격에 관한 내용 일부를 인용해 보겠습니다. 앞에서 인용한 이수훈의 말과 비슷합니다.

"3할은 일하는 데 투자하고 7할은 인간성에 투자하라. 무슨 일을 하기 전에 먼저 올바른 인격을 갖추어야 한다. 인격수양이 되지 않으면 성공할 수 없고 성공한다 해도 순간일 뿐이다. 올바른 인격을 갖춘 사람은 성공하지 못한다 해도 그것은 순간의 실패일 뿐이다."

학창시절 성품관리는 성적관리보다 더 중요할 수 있습니다. 특히 화, 즉 분노를 잘 다스려야 합니다. 분노를 잘 다스리지 못해 순간적으로 사고치는 사람들을 타산지석으로 삼아 인격체로 거듭나도록 노력해야 합니다. 참고로 '좋은나무 성품학교'에서 올바른 성품에 대해 제시한 12가지를 살펴보며 스스로 자신의 성품을 점검해 볼 필요가 있겠습니다.

여기에 열거된 것 중에서 나는 정직(Honesty)이 가장 중요하다고 생각합니다. 사회에 나가 성공적인 삶을 살아가려면 정직성에 대해 자신을 심도 있게 들여다볼 필요가 있습니다. 정직을 사전에서 찾아보면 "마음에 거짓이나 꾸밈이 없이 바르고 곧음"이란 뜻이 있습니다. 지금 세상은 거짓투성이라고 합니다. 그대는 정직한 사람이라고 생각합니까? 나는 때로는 정직하지 못한 면이 있다고 스스로 고백합니다. 그러나 좀 더 정직해지려고 자신을 질타하면서 부단히 노력하고 있습니다. 정직해서 당장은 손해를 볼 수도 있습니다. 그러나 언제부턴가 나는 어떤 것에 손해 보더라도 앞으로는 무조건 정직해야 하겠다는 생각을 하게 되었습니다.

정직함에는 많은 가치가 포함되어 있습니다. 게으름 피우거나 딴짓을 하지 않고 주어진 일을 성실히 하는 것도 정직함입니다. 본인이 스스로 세운 목표를 모른 체하지 않고 달성하기 위해 꾸준히 노력하는 것도 정직함입니다. 사람을 대할 때 기만하지 않고 진실하게 대하는 것도 정직함입니다.

셰익스피어는 "정직만큼 풍부한 재산은 없다."라고 했습니다. 정직해지면 마음의 부자가 되고 남에게 결코 부끄럽지 않습니다. 위선, 이중인격 같은 단어는 마음에 담아 두지 말기 바랍니다. 그래야 세상이 아름다워지는 것입니다.

〈좋은나무 성품학교 12가지 성품〉

- 경청(Attentiveness): 상대방의 말과 행동을 잘 집중하여 들어 상대방이 얼마나 소중한지 인정해 주는 것
- 긍정적인 태도(Positive attitude): 어떠한 상황에서도 가장 희망적인 생각, 말, 행동을 선택하는 마음가짐
- 기쁨(Joyfulness): 어려운 상황이나 형편 속에서도 불평하지 않고 즐거운 마음을 유지하는 태도
- 배려(Caring): 나와 다른 사람 그리고 환경에 대하여 사랑과 관심을 갖고 잘 관찰하여 보살펴 주는 것
- 감사(Gratefulness): 다른 사람이 나에게 어떤 도움이 되었는지를 인정하고 말과 행동으로 고마움을 표현하는 것
- 책임감(Responsibility): 내가 해야 할 일들이 무엇인지 알고 끝까지 맡아서 잘 수행하는 태도
- 인내(Patience): 좋은 일이 이루어질 때까지 불평 없이 참고 기다리는 것
- 순종(Obedience): 나를 보호하고 있는 사람들의 지시에 좋은 태도로 즉시 따르는 것
- 절제(Self-control): 내가 하고 싶은 대로 하지 않고 꼭 해야 할 일을 하는 것
- 창의성(Creativity): 모든 생각과 행동을 새로운 방법으로 시도해 보는 것
- 정직(Honesty): 어떠한 상황에서도 생각, 말, 행동을 거짓 없이 바르게 표현하여 신뢰를 얻는 것
- 지혜(Wisdom): 내가 알고 있는 지식을 다른 사람의 유익이 되도록 사용하는 능력

성장과정에서 쌓인 내면의 상처를 치유하라

교수: 학생, 마음이 늘 우울해 보이는데 내가 잘못 본 건가?

학생: ….

교수: 우리 터놓고 이야기 한번 하자.

학생: 별로 하고 싶지 않아요.

교수: 아니야. 마음의 상처도 외상과 같이 들어내고 치유해야지. 나는 상담과정을 공부했는데 혹 도움이 될지 모르니 이야기 좀 하자.

학생: 우리 집안일인데 이야기하고 싶지 않아요.

이 학생은 자세히 말하지 않았지만 가정문제로 가족과의 관계가 좋지 않아 매사에 의욕이 없고 늘 열등감에 젖어 있는 듯합니다. 울적한 표정에 말이 적고 동료들과 어울리는 일도 좋아하지 않습니다. 하지만 몇 차례 상담을 통해 변화되는 모습을 볼 수 있었습니다.

실제로 성장과정에서 상처 받고 자란 사람들이 적지 않습니다. 주변을 돌아보면 그러한 예를 흔히 찾아볼 수 있습니다. 내가 직접 보고 들었거나 책을 통해 접한 몇 가지 예를 들어 보겠습니다.

- 가족(특히 부모)에게 심한 학대를 당했다.
- 가까운 친척에게 성폭행을 당했다.
- 어린 시절 또래에게 놀림을 당하거나 매를 맞았다.
- 너무나 사랑했던 애인에게 배신당했다.
- 돈과 아끼던 물건을 빼앗겼다.

이 외에도 크고 작은 수많은 사례를 찾아볼 수 있을 것입니다. 이러한 마음의 상처는 방치하고 있으면 분노로 자라날 수 있기에 반드시 치유해야 심리적으로나 육체적으로 건강한 삶을 영위할 수 있습니다. 분노는 육체적 병을 초래하고 수명에도 영향을 미칩니다. 더 나아가 만약 공격적 행동으로 자신을 상처 입힌 사람이나 분노를 건드리는 사람에게 복수라도 하게 된다면 한순간에 남은 인생이 망가집니다.

마음의 상처가 있을 경우 나타나는 문제 중의 하나로 자기애성 성격장애(Narcissistic personality disorder)가 있습니다. 나무위키의 자료(2018)에 의하면, 이것은 지나치게 낮은 자존감을 보상받기 위해 자신이 우월해야만 한다는 집착이 심리적으로 강하게 나타나는 성격장애라고 합니다. 실제로 대부분의 자기애성 성격장애자의 경우 어린 시절 부모에게 무시당했거나 학대당한 경험을 가지고 있으며, 반대로 지나치게 보호받으며 성장한 경우도 있는데, 역시 비정상적인 애착관계를 보인다고 합니다.

존 브래드쇼의 『상처받은 내면아이 치유』란 책을 보면 자기애성 성격장애로 인해 표출되는 심리적 상태나 욕구를 다음과 같이 제시하고 있습니다.

- 언제나 다른 사람과의 관계에서 실망하고 좌절을 경험한다.
- 항상 자신의 부족함을 메워 줄 수 있는 완벽한 사랑의 대상을 찾아 헤맨다.
- 무엇인가에 중독되어 버린다. 중독은 마음의 공허한 빈틈을 채우려는 일종의 처절한 시도다.
- 물건이나 돈을 통해 자신의 존재가치를 보상받으려 한다.
- 배우나 운동선수 같은 유명인이 되고 싶어 한다. 다른 사람들의 지속적인 관심과 주목, 끊임없는 칭찬을 원하기 때문이다.
- 자신들의 자기도취적인 욕구를 채우기 위해 어린 자녀들을 이용하기도 한다. 자기 부모에게서 받지 못한 사랑과 관심을 아이들에게서 얻으려고 하는 것이다.

이런 상황에 처한 사람이 과연 건전한 정신으로 온전한 삶을 영위해 갈 수 있을지 의문이 생기지 않을 수 없습니다. 참고로 존 브래드쇼가 제시하는 내면의 상처에 대한 진단은 정체성, 기본적인 욕구, 그리고 사회성 측면을 바탕으로 하고 있습니다. 여기서 정체성에 관한 질문서를 제시했으니, 체크해 보고 문제가 있다고 생각이 들면 전문가의 도움을 받아 반드시 치유해야 합니다.

〈내면의 상처에 대한 질문〉

내용	예	아니요
1. 새로운 일을 시작하려고 계획할 때마다 걱정되거나 두렵다.		
2. 모든 사람들이 좋아하는 멋진 사람이지만 나 자신에 대한 확신이 없다.		
3. 반항적이며 다른 사람과 다툴 때 살아 있다는 걸 느낀다.		
4. 숨겨진 나 자신의 깊은 곳에서는 무엇인가 내게 잘못된 것이 있다고 느끼고 있다.		
5. 나 자신이 마치 창고와 같아서 아무것도 내다 버릴 수 없다.		
6. 남자로서 혹은 여자로서 부족하다고 느낀다.		
7. 성별에 대해 혼란스럽다.		
8. 왠지 나 자신을 두둔하면 죄책감이 느껴지기 때문에 차라리 다른 사람들의 편을 드는 게 낫다.		
9. 새로운 일을 시작하기가 어렵다.		
10. 일을 끝내는 게 어렵다.		
11. 자기만의 생각을 가져 본 적이 드물다.		
12. 자신의 부족함에 대해 계속해서 스스로 비판한다.		
13. 나 자신이 아주 죄 많은 사람이라고 생각하고 지옥에 갈까 봐 무섭기도 하다.		
14. 아주 엄격하고 완벽주의자다.		
15. 한 번도 내가 능력이 있다고 생각해 본 적이 없고 제대로 일을 해 본 적도 없다.		
16. 진정으로 원하는 게 무엇인지 모른다는 생각이 든다.		
17. 완전한 성취자가 되기 위해 나 자신을 통제한다.		
18. 성적으로 매력적이지 못하면 아무것도 아니라는 생각이 든다. 혹시 나 자신이 연인이 되지 못하면 버림받거나 거절당할까 봐 겁난다.		
19. 인생이 공허하다. 대부분의 시간 동안 우울하다.		
20. 나 자신이 누구인지 정말 모르겠다. 나의 가치가 어느 정도인지, 어떤 것에 대해 내가 어떻게 생각하는지도 모르겠다.		
계		

* '예'가 10개 이상이면 심각수준임.

‘할 수 있다’는 자신감을 가져라

교수: 학생은 다국적 기업에 입사하고 싶다고 했지? 좋은 생각이야.

학생: 예.

교수: 그래, 이번 주 내로 입사지원서 내 봐. 곧 마감이야.

학생: 안 돼요. 안 될 거 같아 잘 준비하지 않았어요.

교수: 아니, 해 보지도 않고 그러면 어떡해!

학생: 선배들 이야기 들어 보니 저는 안 될 것 같았어요.

이 학생은 다국적 기업에 입사하고 싶다고 해 놓고 입사 준비를 하지 않았습니다. 영어를 어느 정도 하기에 기대는 했었는데 스스로 포기한 것입니다. 요즘 학생들 중에는 시도해 보지도 않고 포기하는 경우가 적지 않습니다.

간단히 말해서 ‘할 수 있다.’는 자신감이 결여된 것입니다. 어렵더라도 할 수 있다는 자신감을 가져야 합니다. 세상에 쉬운 일은 하나도 없습니다. 미국의 투자 전문가인 워렌 버핏의 말을 인용해 보겠습니다. 그는 자신의 미래에 대한 확신이 남달리 강했습니다.

“아주 어렸을 때부터 내 마음 속에는 세계 제일의 부자가 된 나의 모습이 선명하게 자리 잡고 있었습니다. 나는 거부가 되리라는 사실을 의심해 본 적이 단 한순간도 없었습니다."

할 수 있다는 확신은 재능과는 또 다른 이야기입니다. 앞에서 나의 이야기를 했는데, 내가 농고를 졸업하고 농사일을 하다가 대학 입시를 약 5개월 남겨 놓고 느닷없이 시험 준비를 하려고 할 때 내 주변 모든 사람들이 불가능하다며 이런 말을 많이 했습니다.

"너 주제에 말도 안 돼, 할 수 없어, 포기해!"

그러나 나는 내 자신을 믿고 열심히 공부하여 결국 해냈습니다. 내가 대학에 입학한 70년대 초반은 예비고사와 본고사가 있었습니다. 인문계 고등학교를 나와도 예비고사에 낙방하는 학생들이 많았는데, 농고를 다니면서 일반적인 공부를 하지 않았던 나로서는 짧은 시간 안에 준비해서 대학에 합격하기란 지극히 불가능해 보이는 일이었습니다. 하지만 나는 자신감이 있었기에 나의 꿈을 부정적으로 생각하는 사람들에게 이렇게 말하며 공부를 시작했습니다.

"두고 보세요. 반드시 해냅니다. 자신 있습니다."

그 당시 내가 주변의 반대에 주저앉았다면 결코 꿈을 실현할 수 없었을 것입니다. 어떤 목표를 세우고 그것을 수행하려고 했는데, 가족을 포함해서 주변 사람들이 반대한다면 그대는 어떻게 반응하겠습니까? '그래…. 역시 어려운 일이야!'라고 하며 포기할 것입니까?

꿈을 꾸고 이루어가는 과정에서 남의 조언을 듣는 것은 중요합니다. 하지만 남의 말을 듣고 자신의 꿈을 포기한다면 그는 매우 어리석은 일이며 훗날 반드시 후회하게 됩니다. 다른 사람을 실망시키기 전에, 자기 자신을 실망시키게 되기 때문입니다.

남의 말에 쉽게 흔들리는 꿈은 진정한 꿈이 아닐 수도 있고 확신이 없는 꿈일 수도 있습니다. 이런 꿈은 노력해도 이루기 어렵습니다. 최선을 다하지 않을 가능성이 있기 때문입니다. 자신의 꿈이 정말 확고하다면, 주변에서 부정적인 반응을 보여도 자신을 믿고 밀어붙여서 성공할 수 있습니다.

이명희가 쓴 『미친년』이란 책을 보면 어려서 미국으로 이민을 간 후 갖은 고생 끝에 어렵게 성공한 라이트하우스 김태연 회장에 관한 이야기가 있습니다. 김 회장의 회사에는 아래와 같은 구호가 있다고 합니다. 그녀의 삶의 철학이 담겨 있는 구호입니다.

"He can do, She can do, Why not me!"

다시 한번 강조하지만, 꼭 하고 싶은 일이 있다면 주변의 부정적인 반응에 너무 신경 쓸 필요 없습니다. 다만 중도에 포기하지 않고 끝까지 열심히 할 각오는 되어 있어야 합니다. 하고 싶은 일이 있으면 자신감을 가지고 지금 당장 시작해 보기 바랍니다.

"가장 큰 적(敵)은 자기 자신이다."란 말이 있습니다. 확신을 가지고 약한 자신을 이겨냅시다. 앞에서 말한 것처럼 자신과의 약속을 지키면 상을 주어 가며 정진해 보십시오. 그런 의미에서 김윤배가 쓴 〈내가 나를 정벌한다〉란 시를 감상해 보겠습니다. 자신을 이기지 못하면 세상의 어떤 일도 해내지 못합니다.

소크라테스는 "세계를 움직이려는 자는 먼저 자기 자신을 움직여야 한다."라고 했습니다. 자신에게 지는 비굴한 인간이 되지 말아야 하겠습니다. 자신과 한 약속을 이행하지 않고도 아무런 일 없던 것처럼 행동하지 말기 바랍니다.

내가 나를 정벌한다(김윤배)

바람은 중앙아시아를 유린하고
내 황량한 제국까지 내달았을 거다

내 안에 제국이 서고 제국이 쇠망하기를
수만 번 오늘은 욕망의 제국이 서는지
바람의 질주를 응시하고 있는 말들
조용한 움직임 내 안에 감지된다

말들은 바람의 오만한 질주를
말발굽 소리로 견디는 거다

달려온 산맥만큼 달려갈 산맥 아득한
광야를 물끄러미 보고 섰는 말들
갈기를 세워 박차고 나갈 순간을 재는 듯
가끔 머리를 세차게 흔든다

몽골말들 광야를 질주하는 꿈으로
근육 떨 때 말발굽 소리 우박처럼 쏟아지는
내 안의 제국이여
오늘은 내가 나를 정벌하는 거다

'불행하다'는 착각에서 벗어나라

교수: 학생, 요즘 힘이 없어 보여. 무슨 고민이 있나?

학생: 아니요. 별로 신나는 일이 없어서 그런가 봐요.

교수: 넌 집안 형편도 괜찮으니 공부만 하면 되는데 뭘 그리 걱정하냐?

학생: 요즘 우리 집 형편이 별로예요.

교수: 학생은 무슨 수저라고 생각해?

학생: 은수저요.

교수: 아니 부모 덕으로 4년제 대학을 알바도 안 하고 다니고 있으면 금수저지, 무슨 은수저야?

학생: 하지만 우리 집은 부자가 아니잖아요.

교수: 학생, 도대체 얼마를 가져야 부자일까?

학생: 글쎄요.

이 학생은 아르바이트도 안 하고 부모님이 주시는 돈으로 생활하면서 자신은 금수저가 아니라고 합니다. 적어도 아버지가 기업체를 가진 사장 정도가 되어 유산을 많이 물려받을 수 있어야 금수저란 이야기입니다.

나는 돈 걱정 안 하고 대학을 다니는 정도면 금수저라고 생각합니다. 이 책을 읽는 독자 여러분은 어떻게 생각합니까?

우리는 대개 서로 비교하면서 더 가진 자를 부러워하며 그것을 갖지 못한 자신은 상대적으로 불행하다고 생각합니다. 걸어 다니는 사람은 자전거를 가진 사람을 부러워합니다. 자전거를 가진 사람은 오토바이를 가진 사람을 부러워합니다. 오토바이를 가진 사람은 자동차를 가진 사람을 부러워합니다.

이처럼 남과 비교해서 상대적으로 부족한 것을 '불행하다'고 한다면, 그것은 앞에서 말한 대로 자존감이 약한 데서 오는 것이며 큰 착각입니다. 이런 착각에서 벗어나지 못하면 평생을 불평불만만 하다 죽어야 합니다. 미국의 작가 조지프 루의 말을 인용해 보겠습니다.

"나는 내가 갖지 못한 것 때문에 불행하다고 생각했지만 남들은 내가 가진 것을 보고 나를 행복한 사람이라고 한다."

자전거를 가진 사람도 자동차를 가진 자가 갖지 못한 뭔가를 가졌다는 생각을 해야 합니다. 남이 가진 것을 부러워하다 보면 자신이 가진 것에 대한 소중함을 알지 못해 만성적인 불행함을 느끼게 됩니다. 황금옷을 입고 있으면서 다른 사람이 가진 진주를 탐내는 격입니다.

앞을 보지 못하는 장애인으로 살았던 헬렌 켈러의 다음과 같은 말을 되새겨 봅시다. 정상인으로 태어나 보통사람으로 살아가는 사람들이 얼마나 축복받았는지, 자신이 불행하다고 생각하는 것이 얼마나 잘못된 생각인지를 알 수 있습니다.

"맹인으로 태어난 것보다 불행한 것은 시력은 있으나 비전이 없는 것이다."

근래 젊은이들 사이에 자신의 처지를 가늠하는 기준으로 '수저론'이란 말이 사용되고 있습니다. 부모의 능력이 자식의 장래에 큰 영향을 미친다는 뜻입니다. 가령, 금수저를 물고 태어나면 값비싼 사교육을 통해 명문대에 입학하고, 부모의 지위나 부를 이용해 남들이 부러워하는 직장에 취업하는 혜택을 가진다는 것입니다.

이런 수저론을 부정하기가 쉽지 않은 시대가 되었습니다. 그러나 나는 수저론보다 더 중요한 것은 자신의 마음가짐임을 강조하고 싶습니다. 수저론은 현실의 긍정적인 면보다는 부정적인 면을 드러내는 사고의 발상입니다. 어려운 환경에서 태어났더라도 노력하여 어려움을 극복해 낼 수 있는 용기와 의지는 자기 자신의 몫입니다.

우리가 세상에 태어날 때 선택할 수 없는 것 중 부모와 가정이 있습니다. 이는 어쩔 수 없습니다. 그러나 만약 그대가 태어난 가정이 경제적으로 넉넉하지 못하다 해도 부모님을 원망하거나 불평해서는 안 됩니다. 지금의 대학생들의 부모님들은 대개 50~60대일 것입니다. 그분들의 성장기에는 보릿고개를 겪을 만큼 가난한 가정이 많았으며, 대학은 아무리 머리가 좋아도 엄두도 못 내고 살아온 사람들이 적지 않았습니다. 특히 여자들은 더욱더 그러했습니다. 그럼에도 불구하고 그들은 열심히 일해서 지금의 가정과 국가를 이루는 데 큰 역할을 했습니다.

지금의 10~20대가 모두가 배부르게 산다는 것은 아니지만, 많은 학생들이 과거에 비하면 너무나 좋은 조건하에 살고 있음을 알아야 합니다. "밥이 싫으면 라면 먹지." 같은 말을 쉽게 한다면 "먹을 것이 없어 끼니를 걸렀다."란 과거의 상황을 가만히 되새겨 보십시오. 조금 부족하더라도 이제 불평불만은 뒤로하고 주어진 조건하에서 열심히 노력하여 다음 세대(자녀)에게는 더 좋은 환경을 제공해야 할 것입니다. 빌 게이츠의 말이 새롭게 다가옵니다.

"태어나서 가난한 것은 당신의 잘못이 아니지만 죽을 때 가난한 것은 당신의 잘못이다. 화목하지 않은 가정에서 태어난 것은 죄가 아니지만 당신의 가정이 화목하지 않은 것은 당신의 잘못이다."

지금 자신을 불행하다고 생각한다면 그것은 아마 꿈이 없기 때문일지도 모릅니다. 지금의 처지가 불행하다고 생각되더라도 장래 확고한 꿈이 있다면 힘겨운 마음을 온전히 극복할 수 있습니다. 불행이란 처한 환경이나 물질에서 비롯되는 것이 아닌 마음의 문제입니다. 그러니 꿈을 가짐으로써 극복해야 합니다. 나는 꿈이 소박해도 된다고 생각합니다. 지나치게 큰 꿈으로 인해 좌절하거나 우울하게 사는 사람들이 많은 것이 바람직하지 못해 보여서 하는 말입니다.

성장기에 좀 부족한 환경에서 사는 것도 절대적으로 나쁘지만은 않습니다. 나는 꿈에 대한 강의를 많이 하는 김미경 강사의 말에서 크게 공감을 얻었습니다.

"결핍은 나를 움직이게 하고 꿈을 지속하게 한다."

불행은 자칫 분노로 이어질 수 있습니다. 만약 자신이 어떤 일로 인해 불행하다거나 억울하여 분노가 일어난다면, 그 분노에너지를 긍정에너지로 바꿔 보십시오. '내가 노력해서 반드시 이루어내서 지금 상황을 벗어나겠다, 훗날 후회하지 않도록 하겠다.'고 생각해 보십시오. 때로는 세상이 공평하지 않다는 생각도 들겠지만 원망만 한다면 아무 것도 바뀌지 않습니다. 노력해서 극복해야 합니다. 아래의 자료(웰스-X 2015-2016)에서 보면, 우리나라에서 자수성가한 비율(33.3%)이 세계평균(63.8%)보다 낮은 것은 사실이지만 노력하면 된다는 생각도 들게끔 하는 수치입니다.

〈자산 3,000만 달러 이상 갑부들 부의 원천〉

- 세계평균: 상속(17.3), 상속+자수성가(18.9), 자수성가(63.8)
- 대한민국: 상속(19.6), 상속+자수성가(47.1), 자수성가(33.3)

나는 강영우 박사의 책을 읽으면 저절로 용기가 생기는 것을 느낍니다. 지금은 고인이 되었지만, 그는 중학교 시절 사고로 맹인이 되었습니다. 그럼에도 좌절하지 않고 노력하여 미국에서 박사학위를 받았습니다. 그 후 백악관 국가장애위원회 정책차관보를 지내는 쾌거를 이루었습니다. 그의 책『내 눈에는 희망만 보였다』에서 그의 조카(조은별)가 쓴 글이 인상 깊어 소개해 보고자 합니다. 이런 글을 읽으면 정상인으로 살면서 세상에 불평할 하등의 이유가 없어집니다.

"큰외삼촌은 장애가 걸림돌이 아니라는 것을 저에게 보여 주신 분입니다. 큰외삼촌은 장애가 있다고 힘들어 주저앉는 대신, 장애를 하나님이 주신 축복의 도구라 생각하시고 목표를 향해 열심히 노력하셨습니다. 처음 이민 와서 적응하느라 힘들 때마다 저는 큰외삼촌을 보며 용기를 얻었습니다.(중략)

큰외삼촌 덕분에 늘 열심히 노력하고 시도하는 노력파가 되고 싶었습니다. 뭐든지 할 수 있다는 긍정적인 사고를 큰외삼촌을 통해 배웠습니다. 편하지만은 않았던 약대 스케줄을 버텨 내고 좋은 성적으로 학교를 졸업할 수 있었던 것은 모두 이런 의지와 노력 때문이었습니다. 가장 중요한 것은 장애는 저주도, 슬픔도 아닌 하나님이 계획하신 축복의 도구일 수 있다는 사실과 그 축복을 통해 하나님께 영광 돌리는 삶을 살 수 있다는 것입니다. 큰외삼촌의 삶처럼 저 역시 세상을 아름답게 만들고 하나님께 영광 돌리는 삶을 살 수 있기를 꿈꿔 봅니다."

<이야기 코너>

입시전쟁에서 승리했다고 반드시 사회에 공헌하는 게 아니다

고등학교 때 열심히 공부해서 이른바 일류대학에 입학하면 좋은 점이 많다. 학문을 할 주변 환경이 잘 갖추어져 있기 때문이다. 거기에다 집안이 경제적으로 부유하거나 자신의 능력으로 경제력을 확보한 사람이라면 더할 나위가 없다.

그들 대부분은 뛰어난 두뇌를 소유하고 있어 지식을 흡수하는 힘이 대단하다. 그런데 그런 사람들 가운데 교양이 부족한 경우를 본다. 문학, 철학, 역사가 사회생활에서 아무런 역할을 하지 않을 것 같은 생각이 들지만, 그런 분야를 공부하면 반드시 새로운 뭔가를 얻을 수 있다.

뛰어난 법률전문가나 정치인, 경제인으로 활동하다가 그 공적으로 나라에서 큰일을 맡게 되는 경우가 있는데, 그들이 문제를 일으켜 자리에서 물러나는 경우를 종종 본다. 그 원인을 살펴보면 대부분이 그런 교양을 제대로 갖추지 못했기 때문이라는 것을 알 수 있다.

진정한 교양은 지식이 아니라 지식을 익히기 위해 노력하는 과정에서 얻는 것이다. 그렇게 노력해서 얻은 교양이 살아가는 과정에서 어떤 어려움에 부닥쳤을 때 해결책을 던져 준다. 그런 교양을 익히지 않은 사람은 어려움에 부닥치면 그냥 무너지고 만다.

(출처: 『왜 공부하는가』, 스즈키 코지 저)

〈삶에서 교양의 중요성을 인식해야 합니다〉

<자기계발 코너>

자신의 인격을 점검해 보기

1. 나는 내게 아무런 유익이 없을지라도 사람들을 잘 대해 주는가?

2. 나는 사람들 앞에서 솔직한가?

3. 나는 내가 상대하는 사람의 입장을 이해하려고 노력하는가?

4. 나는 혼자 있을 때도 다른 사람들 앞에 있을 때와 똑같이 행동하는가?

5. 나는 잘못을 범했을 때 그것을 스스로 인정하는가?

6. 나는 자신의 일보다 다른 사람의 일을 중히 여기는가?

7. 나는 확고한 기준에 따라 도덕적인 결정을 하는가, 아니면 상황에 따라 선택이 달라지는가?

8. 나는 다른 사람의 유익을 위해서라면 개인적인 희생을 감수하고서라도 그것을 택하는가?

9. 나는 사람들에 대해 말해야 할 것이 있을 때 그들에게 말하는가, 아니면 그들에 대해 말하는가?

10. 나는 자신의 생각이나 말 또는 행동에 대해 적어도 다른 누군가에게 책임을 지는가?

(출처:『누구나 한번은 리더가 된다』, 라원기 저)

여섯째 이야기

대학, 인생의 전환기로 만들자

대학을 졸업하면 나의 모습은 어떻게 달라질까? 졸업 5~10년 후의 나의 모습은 어떨까? 이러한 질문에 답할 수 있도록 많은 생각과 노력을 해야 할 것입니다. 대학이 인생의 전환기가 되어야 합니다. 그러기 위해 다음과 같은 4가지 측면에서 자신을 조명해 보기 바랍니다.

- **생각을 바꾸고 실행에 옮겨라**
- **꾸준히 노력하면 기대 이상의 성과도 얻을 수 있다**
- **준비된 자에게 반드시 기회가 온다**
- **인생은 결코 짧지 않으니 늦었다고 고민하지 말라**

학창시절의 후반전은 대학입니다. 전반전인 고등학교 과정을 소홀히 해서 원하는 대학에 못 갔더라도 후반전인 대학에서 열심히 하면 원하는 일을 하며 즐겁게 살아갈 수 있습니다.

– 본문 중에서

인생역전에 대해 생각해 봤어?
예. 해봤어요.

그래
뭘 생각해 봤어?
로또 복권을 사서
당첨되면 역전이죠.
Lotto

복권당첨이
쉬운 일은 아닌데.
저도 알아요.
그래도 저는 가끔 사요.
혹시나 해서요.

그거보다 학생이니
목표를 가지고 열심히 공부하는게
좋을텐데
공부도 열심히
하고 있어요.

생각을 바꾸고 실행에 옮겨라

학생: 교수님은 가난한 농사꾼에서 교수가 되었으니 인생역전이네요. 비결이 무엇인가요?

교수: 그렇지. 비결? 간단해.

학생: 뭐예요? 말씀해 주세요.

교수: 생각을 바꾸고 실행에 옮긴 거지. 그렇지 않았으면 아마 그대로 살고 있겠지.

학생: 아, 그래요.

한 학생이 나의 자서전 성격의 책인 『빛진 자』란 책을 읽고 나보고 인생역전이라 합니다. 농고를 졸업한 농사꾼이 대학교수가 되었으니 그런 표현도 어쩌면 가능하다고 생각합니다. 그러나 농사꾼으로 남는다 해서 인생실패라고 볼 수는 없습니다. 다만 그것은 내가 원하던 바가 아니었기 때문에 지금 생각하면 잘됐다고 할 수 있는 것입니다.

만약 그대가 지금과 같은 일상으로는 미래에 발전이 없다고 생각한다면 그 틀에서 벗어나야 합니다. 사람은 편안함을 느끼는 안전지대(Comfort zone)에 머무는 습성이 있습니다. 그래서 불편하지 않은 삶이나 비생산적이며, 도전이 없는 의식이나 행동에서 벗어나 새로운 것에 도전해야 발전이 있습니다.

변화의 시작은 생각을 바꾸는 것입니다. 흔히 "생각이 바뀌면 인생이 바뀐다."고 합니다. 그러나 뭐든지 바꾼다는 것이 그리 쉽지는 않습니다. 왜냐하면 대부분의 사람들에게는 자신을 구속하고 있는 고정관념(Fixed idea)이 있기 때문입니다. 한 가지 예로서, '말뚝에 묶여 있는 큰 코끼리'를 들 수 있습니다. 어린 코끼리가 말뚝에 묶이는 행동에 훈련되면 다 자라서 말뚝을 뽑을 힘이 충분히 있어도 그대로 묶여 있게 됩니다. 그대도 혹시 이러한 고정관념에서 벗어나지 못하고 있는 것은 아닙니까?

에머슨은 "위대한 사람이란 '사고방식이 세상을 지배한다'는 사실을 알고 있는 사람"이라고 했습니다. 성공한 사람들은 사고방식이 다릅니다. 아무런 비전이 없는 상태에서 생각이 바뀌지 않으면 아무런 변화가 없을 것입니다. 오히려 퇴보할 것입니다.

그래서 변화를 모색한다면 우선 생각을 바꾸고, 생각이 바뀌었으면 그것을 즉시 실행에 옮겨야 합니다. 많은 사람들이 생각은 하지만 실패할지도 모른다는 두려움 때문에 시도하기를 주저합니다. 그것이 문제입니다. 비벌리 실스가 한 말을 잘 새겨 보기 바랍니다.

"실패하면 실망할지도 모른다. 그러나 시도도 안 하면 불행해진다."

시도한 후에 최선을 다하면 성공합니다. 적당히 하지 말고 자신의 한계에 도전하다시피 하면 됩니다. 사이토 히토리와 시바무라 에미코가 쓴『그릇』이란 책이 있습니다. 일본 최고의 부자이자 일본에서 세금을 가장 많이 낸 사업가로 알려져 있는 사이토 히토리의 스토리를 통해 사업의 성공 비결을 알아봅시다.

"대부분의 사람들은 자신의 한계를 알지 못합니다. 그 한계까지 도전해 보지 않기 때문입니다. 그러면서 불평을 합니다. 세상은 불공평하고 나만 능력이 없다고 하지만 세상에 능력이 부족한 사람은 없습니다."

그대 역시 능력이 부족하지 않은데 노력하기도 전에 지레 포기해 버리지는 않았습니까? 제이 에이브러햄의『한계는 내 머릿속에만 있다』란 책을 보면 인생의 전환점이 될 수 있는 '멘탈혁명'이란 말이 있습니다. 그는 사람은 스스로 생각하는 자기 자신에 대한 믿음과 결심과 의지에 의해 성장한다고 믿습니다. 그러한 요소를 '멘탈모델'이라고 하는데, "당신의 성장과 가능성이 제한받은 것은 당신이 당신 스스로에게 한계를 그어 놓았기 때문이다."라고 합니다. 제한된 멘탈모델에 갇혀 스스로 절망 속에 빠져 있기 때문에 진취적인 생각이나 행동을 하기 어렵다는 것입니다. 자신을 지배하고 있는 이러한 역기능적인 멘탈을 버려야 합니다.

성공한 사람들과 그렇지 못한 사람들의 가장 큰 차이점 중의 하나가 바로 생각을 실행에 옮기는 결단력입니다. 앞에서도 비슷한 이야기를 했지만, '시작'이란 말은 매우 중요한 의미를 지닙니다. 뭔가 하겠다는 생각은 하지만 시작을 미루다가 결국 포기하는 사람들이 적지 않습니다. 나중에 "그때 그것을 했어야만 했는데."라고 후회하지 말고 일단 작은 것부터라도 시작하십시오. 시작해야 이루어집니다. 이문열의 『젊은 날의 초상화』 중에 이런 말이 있습니다. 깊이 새겨볼 필요가 있습니다.

"후회하기 싫으면 그렇게 살지 말고, 그렇게 살 거면 후회하지 마라."

여기서, 대학새내기로서 자신의 대학 생활과 미래를 위해 '생각을 바꾸고 실행에 옮겨야 할 7가지'를 정리해 보겠습니다. 이 책에서 대학새내기들에게 여러 가지 이야기를 했지만 여기 7가지는 특히 강조해 보고 싶은 것들입니다.

〈대학새내기가 생각을 바꾸고 실행에 옮겨야 할 7가지〉

1. 남을 의식하지 말라.

친구가 다니는 대학이나 학과보다 경쟁력이나 인기도가 낮은 곳에 다니지라도 부러워하거나 기죽을 필요가 없습니다. 인생 여정에서 대학은 하나의 경유지이지 종착역이 아닙니다. 사람은 살아가는 방법이나 방향이 서로 다릅니다.

2. 과거에 연연하지 말고 미래를 보라.

고등학교 때 열심히 공부하지 않았던 생각 같은 것은 잊고 이제부터 열심히 해서 미래에는 후회하지 않도록 해야 합니다. 무엇이든 과거에 발목이 잡히면 미래로 나아가기 힘들어집니다.

3. 남의 탓을 하지 말라.

원하던 대학에 가지 못했다고 누구도 탓하지 말고, 입학한 대학에서 열심히 하면 됩니다. 마음에 들지 않으면 옮기면 되고, 계속 다니려면 학교나 학과 탓은 조금도 하면 안 됩니다.

4. 독립심을 길러라.

앞으로 진로에 대해서는 스스로 결정하고, 경제적 독립도 가능한 빨리 할 수 있도록 방안을 강구해야 합니다. 혹시 부모님의 유산을 생각하고 열심히 노력하지 않는다면 훗날 후회하게 될 것입니다. 유산은 축복이 될지, 저주가 될지 모르는 일입니다.

5. 대인관계에서 신뢰를 중시하라.

대학생은 이제 반 사회인입니다. 자신이 세상을 살아가는 가장 큰 무기가 신뢰가 될 수 있도록 해야 합니다. 돈거래, 약속 등에 있어서 남이 확실히 믿을 수 있는 사람이 되도록 노력해야 합니다. 세상을 사는 데 신뢰는 실력 이상의 가치가 있습니다.

6. 허영심을 버려라.

자신의 분수에 맞지 않은 생각이나 행동은 삼가야 합니다. 허영심은 패망의 지름길입니다.

7. 고리타분한 일상(Daily life)에서 벗어나라.

매일매일 의미 없는 삶은 발전이 없습니다. 만약 그렇게 대학 생활을 하면 졸업해도 별로 즐거운 일이 없을 것입니다. 변화와 새로운 시도가 필요합니다.

꾸준히 노력하면 기대 이상의 성과도 얻을 수 있다

학생: 교수님, 저에게 영양학을 왜 A+ 주셨죠?

교수: 너 생각보다 공부 좀 했더구나. 시험지 보여줄까? 아마 이상이 없을 거야.

학생: 문제가 너무 어려워서 사실 B+ 정도 생각했거든요. 감사해요.

교수: 너가 어려우면 남들도 어려워. 수업시간에 열심히 듣는 모습이 참 좋았다. 학점뿐만 아니라 무엇이든지 최선을 다하면 기대 이상의 성과가 얻어지는 법이야. 열심히 해 봐.

학생: 예. 감사해요.

한 학생이 학점 때문에 나를 찾아와서 자신이 B+ 정도의 학점을 받을 것으로 예상했는데 A+를 받았다고 의아해했습니다. 시험지 채점결과를 보여 주니 비로소 기뻐하며 자신을 대견해했습니다.

어떤 일에 대한 대가는 노력한 만큼 주어집니다. 바꾸어 말하자면, 자신이 노력한 만큼 대가를 얻게 됩니다. 노력한 것보다 많은 것을 기대하면 그것은 욕심입니다.

2012년 런던 올림픽에서 남자 레슬링 그레코로만형(66kg급)의 김현우 선수는 피눈물 나는 노력 끝에 금메달을 목에 걸었습니다. 그가 올림픽 직전 언론 인터뷰에서 한 말을 들었는데 너무나 감동적입니다.

"나보다 땀을 더 흘린 선수가 있다면
금메달을 가져가라."

이 말은 자신은 금메달을 차지하기 위해 충분한 준비를 했고, 만약 자신보다 더 노력한 사람이 있다면 주저 없이 금메달에 대한 미련을 버리겠다는 의미입니다. 올림픽에서 메달을 따기까지 선수들이 겪는 훈련이나 고초를 생각해 보면 눈물이 날 정도입니다. 1992년 바르셀로나 올림픽 마라톤에서 우승한 황영조는 "훈련이 너무 힘들어서 달리는 차에 뛰어들어 죽고 싶었다."라고 했습니다. 우리나라 속담에 "콩 심은 데 콩 나고 팥 심은 데 팥 난다."는 말이 있습니다. "뿌린 대로 거둔다."는 말과 마찬가지로 '의도한 대로, 노력한 만큼' 얻게 된다는 뜻입니다.

그런데 열심히 노력하면 의외로 기대 이상의 성과를 얻는 경우도 있습니다. 미국의 수필가 헨리 소로는 이런 말을 남겼습니다.

"당신이 꿈을 향해 나아가면서 당신이 상상해 왔던 삶을 위해 노력한다면 당신은 평범한 시간 속에서 기대하지 않았던 성공을 얻게 될 것이다."

이런 이야기는 주변에서 종종 들을 수 있는 이야기입니다. 예를 들면, 운동선수가 열심히 훈련해서 동메달 정도는 받을 수 있을 것으로 생각했는데, 의외로 금메달을 받는 경우도 적지 않습니다. 나도 대학 시절 집안 형편이 어려워 장학금으로 등록금을 해결할 목적으로 열심히 공부했더니, 학교에서 등록금을 내고도 남는 큰 장학금을 주어 생활비도 해결했습니다. 열심히 노력해서 기대 이상의 결과를 뿌듯하게 지켜보는 것도 괜찮습니다. 노력하는 자에게는 그런 기회가 옵니다. 도움의 손길도 열정이 있는 사람에게 갑니다.

어떤 목표를 세운 후 열심히 노력하지 않으면 절대로 그 목표를 달성할 수 없습니다. 열심히 노력해도 안 되는 경우는 있지만, 열심히 안 하고 잘되는 경우는 절대로 없습니다.

지금은 "개천에서 용 난다."란 말이 통하지 않는 시대라고 합니다. 나도 일부 동의합니다. 그럼에도 불구하고 노력하면 할 수 있습니다. 흙수저가 금수저를 따라가기 쉽지 않겠지만, 근래에도 자수성가하는 사람들이 있는데 그들을 보면 '하면 된다.'는 생각이 듭니다. 열심히 노력해서 훗날 기대 이상으로 성공한 주인공이 되어 보기 바랍니다.

여기서 "불가능이란 없다."란 말의 의미를 잘 알고, 늘 도전적인 자세로 살아가는 것은 좋은 일이지만, 솔직히 세상을 살면서 지나치게 욕심을 부리는 것은 옳지 않다는 생각을 합니다. 목표가 너무 과하게 설정되면 금방 포기할 가능성도 있기 때문입니다. 그래서 눈높이 조절을 잘하는 것도 잊지 말아야 합니다. 많은 사람들이 계획은 잘 세우지만 쉽게 포기하는 것은 인내와 끈기가 부족한 탓도 있겠지만 목표를 너무 과하게 설정했기 때문이기도 합니다. 그렇다고 큰 꿈을 포기하라는 것은 절대 아닙니다. 일단 처음엔 소소한 것들부터 이루어 나가고, 충분히 발판이 마련되었을 때 좀 더 높은 목표를 추구하면 됩니다. 이것 또한 내가 이 책에서 반복적으로 강조하는 부분입니다. 성취하지 못할 목표를 세우면 반드시 포기하게 됩니다. 작심삼일이란 말이 아마 그런 이유 때문일 수 있습니다.

또한 꿈은 합리적이어야 합니다. 그 의미를 두 가지로 이야기해 보겠습니다. 첫째, 건전한 꿈을 꾸어야 한다는 것입니다. 가령 돈을 벌 수 있다고 해서 아무것이나 하면 안 됩니다. 둘째, 주어진 신분이나 직위를 남용하면서 사회적 공분(公憤)을 사는 일도 하면 안 됩니다. 돈과 권력의 힘은 막강하지만, 그로 인해 자칫 부당한 행위를 하기 쉽습니다. 합리화되지 못한 꿈은 일종의 헛된 꿈입니다. 사우디아라비아 정치인인 아부 바크르는 이렇게 말했습니다.

"헛된 꿈을 좇지 마라. 성공하는 자는 육욕과 탐욕 그리고 분노로부터 자유롭다."

성경에 "욕심이 잉태한즉 죄를 낳고 죄가 장성한즉 사망을 낳느니라."라는 말이 있습니다. 부당한 욕심이 있는 꿈은 절대로 합리적이지 않습니다. 주변을 돌보지 않고 오직 자신만의 안위를 위해 사는 사람이 과연 죽을 때 만족할 수 있을까요?

거액의 복권당첨으로 인생역전이 가능할까요? 결론은 그렇지 않습니다. 미국에서 거액의 복권에 당첨된 사람들의 그 이후 생활을 조사한 자료를 보면 대부분이 파산한다고 합니다. 과거 MBC에서 다뤘던 내용(2013. 10. 5)에서 복권 1등 당첨자의 70% 정도가 파산하며 행복은 길어야 9개월이란 말도 있었습니다.

앞에서 언급했지만, 소확행(小確幸)이란 말이 있습니다. 작지만 확실한 행복이란 뜻입니다. 돈, 명예, 권세 등을 업고 요란스럽게 살아가는 것도 좋지만 스스로 설정한 행복의 기준을 달성하며 즐겁게 살아가는 것도 바람직한 일입니다. 그대의 소확행은 무엇입니까? 복권이나 카지노 같은 것으로 대박을 터트리겠다는 생각은 이 참에 버리는 게 좋을 듯합니다.

어디선가 감명 깊게 읽은 이야기가 있어 소개해 보겠습니다. 머슴에 관한 이야기입니다. 주인이 한 해 농사를 마무리하고 새경(품삯)을 나누어 줍니다. 한 해 일을 마치고 내일이면 아내와 자식들이 기다리는 집으로 돌아가려니 머슴들은 마음이 설렙니다. 주인은 머슴들에게 짚을 나누어 주며 새끼(짚으로 꼰 줄)를 좀 꼬아 달라고 부탁합니다.

머슴들은 "이제 농사일이 다 끝나서 내일 집에 가는데 느닷없이 무슨 새끼냐?"고 말하면서 대개 주막에 나가 술을 진탕 마십니다. "수고했다. 오늘 저녁 코가 삐뚤어지게 마셔 보자!"

이와 달리, 주인의 부탁이니 거절할 수 없다며 밤늦게까지 새끼를 꼰 사람도 있습니다. 그들은 늘 열심히 일하는 사람들입니다. 그런데 다음 날 머슴들이 전혀 예상하지 못했던 일이 벌어집니다. 아침에 주인이 머슴들을 불러 놓고 쌀을 저장한 곳간을 열며 말합니다.

"지난 밤 자신이 꼰 새끼줄로 쌀가마니를 양껏 묶어 가져가라. 지게도 좋고 마차를 사용해도 좋다."

이제 그들은 각자 집에 도착합니다. 거리에 가족들이 마중 나와 있습니다. 쌀이 가득한 마차를 타고 오는 머슴의 가족들은 기뻐 어쩔 줄을 모르는데, 아직도 입에서 술 냄새가 가시지 않은 채 빈손으로 오는 머슴의 아내들은 한숨만 쉽니다. "우리는 이번 겨울도 춥게 보내야 하겠네. 아이고 억울해. 아이고 원통해. 내가 못 살아! 이 긴 겨울 저 아이들 무엇으로 먹이지. 흑흑….”

여기서 얻을 수 있는 교훈이 무엇일까요? 스스로에게 정직하게 열심히 일하다 보면 이런 기대 이상의 성과도 생긴다는 것입니다. 정직하게 꾸준히 노력하는 자에게는 행운의 여신이 윙크를 해 준다는 사실을 잊지 마시기 바랍니다.

준비된 자에게 반드시 기회가 온다

교수: 학생은 진로를 정했는가?

학생: 아직 못 했어요.

교수: 대학원을 가서 우리 분야 전문가가 되어 보렴.

학생: 그래요. 왜 그렇게 생각하세요?

교수: 내가 지켜보니 성적도 좋고, 학문에 열정도 있어 보이네. 공부를 더 해서 우리 분야 발전을 위해 노력해 보게.

학생: 생각해 볼게요.

교수: 그래. 앞으로는 직장보다는 직업이야. 어디에서 일할 것인가를 걱정하지 말고 무엇을 하며 살 것인가를 걱정해야지. 전문가는 직장이 문제가 되지 않아.

학생: 예. 알겠어요.

이 학생은 나의 권유로 대학원에 진학하여 박사학위까지 받았습니다. 이 학생뿐만 아니라 제자들 중에 비록 우리 학과에 별 흥미 없이 입학했지만 그 후 전공에 대한 매력을 느껴 나의 권유로 박사학위까지 받고 전문가로 활동하거나 교수가 된 경우도 있습니다. 나는 그들에게서 공부를 하면 뭔가 될 수 있다는 가능성을 보았기에 그 길을 가도록 권유했습니다.

나도 그랬지만 교수가 된 나의 제자들이 처음부터 교수가 되기 위해 대학원을 다니며 박사학위를 받은 것은 아닙니다. 박사학위도 받고 열심히 준비하다 보니 교수가 된 것입니다. 평범한 직장인으로 살아갈 처지를 벗어나 교수, 즉 한 분야의 확실한 전문가가 되었으니 인생반등이라 할 수 있습니다.

인생반등, 또는 인생역전을 마치 '대박'을 터트리는 것으로 생각하면 안 됩니다. 진부한 삶에서 벗어나 '살고 싶은 인생'을 산다면 그것이 바로 인생반등입니다. 인생반등은 지금 그대로의 생활에 안주하면 달성할 수 없습니다. 변화(Change)를 모색해야 합니다. 인생반등에 걸맞는 도전(Challenge)을 해야 합니다. 중국의 IT기업 '알리바바'를 창업하여 거부가 된 마윈의 성공에는 영어실력이 한몫했다고 합니다. 그가 영어 공부를 어떻게 했는지 살펴보겠습니다.

"학원을 다니거나 과외를 받을 만한 형편이 아니어서 영어공부를 위해 자전거를 타고 45분을 달려가 유명호텔에서 외국인들의 가이드를 하며 대화를 시도했다."

이러한 절실함이 있어야 합니다. 마윈은 영어를 공부한 이유를 이렇게 말합니다. "내가 몰랐던 것은 단지 영어만이 아니라 서양인들의 사고방식이었다. 배워야 할 것은 영어라는 언어가 아니다. 그 배후에 있는 문화와 사고 방식이다." 목표가 뚜렷하면 자신이 무엇을 해야 할지 정확히 알 수 있지 않겠습니까?

진인사대천명(盡人事待天命)이란 말이 있습니다. "사람으로서 제가 할 일을 다 하고 다음은 하늘의 뜻을 기다린다."는 뜻입니다. 나는 이 말을 학교에서 공부를 열심히 해 놓으면 졸업 후에 선택할 (하늘이 내려주는)진로의 폭이 넓어진다는 뜻으로도 해석하고 싶습니다. 고등학생이 대학을 선택하는 것도, 대학생이 졸업 후 직장을 선택하는 것도 기본실력을 충분히 갖춰 놓아야 선택의 폭이 커집니다. 그러니 꿈이 없더라도 방황하거나 고민하지 말고 일단 현재의 학교생활에 충실하면 밝은 미래가 보장됨을 믿기 바랍니다.

내가 좋아하는 사자성어 중에 낭중지추(囊中之錐)란 말이 있습니다. "능력과 재주가 뛰어난 사람은 주머니 속의 송곳이 튀어나오듯 스스로 두각을 나타내게 된다."라는 말입니다. 준비된 사람은 하찮은 곳에 있더라도 머지않아 누군가에 의해 더 나은 곳으로 불려 가게 됩니다. 이제는 스포츠, 직장 등 모든 분야에서 우수한 인재를 스카우트(Scout)해 가는 시대가 되었습니다.

분명한 것은, 자신의 꿈을 펼치기 원한다면 꾸준히 노력해야 합니다. 그러면 반드시 기회가 옵니다. 힘들다고 포기하지 마십시오. 지금 힘들어도 '성공의 길로 가고 있다.'는 확신을 가지고 정진하십시오. 그러면 반드시 인생의 전기를 맞이하게 됩니다. 고등학교 시절이 미진했던 점은 자책하지 말고 대학 시절을 인생의 전환기가 되도록 열심히 노력해 보세요. 에카르트 폰 히르슈하우젠이 쓴 『행복은 혼자 오지 않는다』란 책에서 "행복은 행동과 함께 온다."란 말에 공감이 갑니다. 노력 없이는 절대 안 된다는 뜻입니다.

주변을 돌아보면 기회를 놓치고 난 후 후회하는 사람들도 적지 않습니다. 기회는 기차와 같이 잠시 머물렀다 순식간에 지나갑니다. 기회를 기다리는 것보다 준비가 먼저입니다. 준비된 자가 기회를 잡게 됩니다. 누구나 살면서 한 번쯤 커다란 기회와 마주치는 일이 생긴다고 합니다. 준비하지 못한 사람은 그것이 기회인 줄 모르고 어버버 하다가 놓쳐 버리고, 준비한 사람은 그것이 기회임을 알고 붙잡습니다. 김소월이 쓴 〈기회〉란 시를 한번 감상해 보겠습니다.

기회(김소월)

강 위에 다리는 놓였던 것을!
건너가지 않고 바재는 동안
때의 거친 물결은 볼 새도 없이
다리를 무너치고 흘렀습니다.

먼저 건넌 당신이 어서 오라고
그만큼 부르실 때 왜 못갔던가!
당신과 나는 그만 이편 저편서

때때로 울며 바랄 뿐입니다려.

한 가지 더 하고 싶은 말은 기회가 늦게 올 수도 있다는 것입니다. 대기만성(大器晩成)이란 말이 있습니다. "큰 그릇은 늦게 이루어진다."는 뜻입니다. 큰 인물이 되기 위해서는 많은 노력과 시간이 필요하다는 의미이기도 합니다. 실제로 주변을 돌아보면 그러한 사람들이 많은데, 알랜 줄로가 쓴 『대기만성한 사람들에게 배우는 성공의 지혜』란 책에서 제시된 몇 사람의 예를 들어 보겠습니다. 이를 보면 너무 조급해하지 말고 꾸준하게 준비하고 노력하는 자세가 필요함을 알 수 있습니다.

- 포드는 40세에 자동차 회사를 세웠다.
- 샘 월튼이 월마트 1호점을 개업할 때의 나이는 44세였다.
- 질레트가 세계 최초의 안전면도기를 만든 때는 48세였다.
- 맥도날드 창업자 크록은 52세까지도 믹서 세일즈맨이었다.
- 샌더스는 켄터키 후라이드 치킨 사업을 65세에 시작했다.

인생은 결코 짧지 않으니 늦었다고 고민하지 말라

교수: 학생은 대학 생활이 재미있니?

학생: 아니요.

교수: 전공이 마음에 안 들어서 그러니? 성적이 안 좋은 걸 보니 그런 생각이 드는데?

학생: 맞아요. 그런데 다른 데 편입할 생각도 하고 있지만, 3학년이라 늦은 것 같기도 해서 고민만 하고 있어요.

교수: 안 늦었어. 확실한 꿈이 있다면 그렇게 하렴. 다만 옮겨서 잘할 수 있는지 신중히 생각해 봐야지.

학생: 솔직히 말해서 옮긴다고 잘할 거 같지도 않아요.

이 학생은 3학년인데 아직도 전공에 대해 고민하고 있습니다. 나는 이런 학생들을 대할 때 가끔 혼란스럽습니다. 저학년 학생들은 그나마 이해가 되지만 고학년 학생이 되었는데도 자신의 전공에 대해 확신을 가지지 못하는 학생을 만날 때는 정말 답답합니다.

이 책의 앞 장에서 1~2학년 때는 진로에 대해 고민하더라도 3~4학년 때는 하지 말아야 한다는 말을 했습니다. 전공에 대해서는 가능한 빨리 결단을 내려야 합니다. 이러지도 저러지도 못하고 시간만 보내게 되면 그 이상 큰일은 없을 것입니다. 분명한 목적이 있어서 대학 생활을 1~2년 더 하는 것은 괜찮습니다. 다른 대학에 재입학하든, 전과하든, 복수전공하든 아무 상관없습니다. 대학 생활 1~2년 더 하는 것은 결코 허송세월이 아닙니다. 그러나 전공에 대한 확신이 없는 대학 생활, 행복할까요?

나는 이 책의 첫 부분에서는 '왜 그 학과를 선택했는가.'란 주제에 대해 이야기했지만, 여기서는 '전공에 대해 더 이상 고민하지 말자'는 취지의 이야기를 하고 싶습니다. 고학년이 되어도 전공에 대해 고민하는 학생들이 적지 않기 때문입니다. 전공이 마음에 들지 않았을 때 할 수 있는 선택은 다음과 같이 3가지가 있습니다.

- 다른 전공으로 과감히 바꾼다 – 용감한 선택이지만 바꿔서 잘할 수 있다는 확신이 있어야 한다.
- 현재 전공에 적응한다 – 대안이 없기 때문일 수도 있지만 현명한 판단일 수 있다.
- 고민하며 그대로 지낸다 – 매우 어리석은 행동이며 패배자가 될 수 있다.

한 예로, 강원대학교가 2018년 신입생들을 대상으로 자체 조사한 자료에 따르면, 학과(전공)에 불만족스럽다고 한 학생들(2,500명 중 132명) 중에서 전공을 바꿀 생각이 없다는 학생과 복수전공을 활용하겠다는 학생 비율이 전반 정도 됩니다.

〈학과(전공) 불만족에 대한 대처방안. 2,500명 중 132명〉

• 바꿀 생각 없음	28.8%
• 복수전공 활용	18.2%
• 잘 모름	18.2%
• 본교 내에서 전과	13.6%
• 재수 후 타 대학에 입학	13.6%
• 타 학교로 편입	7.6%

대학에는 전과, 편입, 복수전공 등 다양한 방법으로 전공을 바꾸거나 병행할 수 있는 방법이 있습니다. 지금의 전공이 싫으면 당연히 대안을 모색해야 합니다. 그런데 자신의 전공분야를 제대로 알지 못하면서 겉도는 학생들이 있는데, 이것은 매우 어리석은 일입니다. 참고로 케인(2016)의 '대학에서 원하지 않는 공부를 하고 있다는 12가지 증거'라는 자료에서 몇 가지를 제시해 보면 다음과 같은데, 이 책을 읽는 독자가 학생이라면 자신의 입장이 어떠한지 한번쯤 생각해 보아야 할 것입니다.

• 자신의 전공을 왜 선택했는지 설명할 수 없다.

• 부모의 권유로 전공을 선택했다.

• 전공공부가 쉬울 것 같거나 돈을 잘 벌 수 있을 것 같아 선택했다.

• 전공공부에 흥미가 없고 학점이 엉망이다.

• 학과 내 교수들이 싫고 인턴도 가기 싫다.

• 친구들의 전공에 더 관심이 많다.

• 졸업 후 전공이 도움이 될지 모르겠다.

요즘엔 유턴입학도 증가하고 있다고 합니다. 4년제 대학을 졸업한 후 전문대학에 다시 입학하는 것을 말하는데, 대개 대학을 나와도 취업을 하기 어려워서 전문적인 일을 배워 확실한 직장에 취업을 하려는 경우입니다. 자신이 좋아하는 일을 찾아가는 방법은 아닐지라도, 이것도 결코 나쁜 결정은 아닙니다.

앞에서 언급한 '대기만성'이란 말처럼 인생에서 성공이란 너무 조급하게 생각할 필요는 없습니다. 우리의 삶은 마감할 때 평가하는 것이지 나이 40대, 더 나아가 60대에 평가하는 것이 아닙니다. 사람이 성공하는 시기는 저마다 다릅니다. 40~50대에 꿈을 이룬 사람도 있지만 70~80대의 늦은 나이에 이룬 사람도 있습니다. 일찍 이룬 사람 중에는 그 후의 삶이 불행해진 사람도 적지 않다는 사실 역시 염두에 두어야 합니다.

인생은 결코 짧지 않습니다. 시간이 갈수록 사람의 수명이 길어지고 있습니다. 정년 후에도 건강이 좋아서 일할 수 있는 체력이 되는 사람이 적지 않습니다. 정년 후에 특별히 할 일이 없어 빈둥거리는 사람들은 행복할까요? 아니면 지루할까요? 정년 후 수십 년을 허송세월한다면 성공한 삶이라고 할 수 있습니까? 만약 60세에 정년해서 90세에 죽는다고 가정해도, 죽기 전 몇 년을 제외하고 적어도 20년 정도를 일할 수 있습니다. 이제는 정년 후에도 일을 해야 합니다. 학창시절 열심히 준비해서 정년 후에도 오래도록 일할 수 있는 준비를 해야 합니다.

누구든지 나이를 불문하고 항상 삶에서 크고 작은 목표를 세워 의미 있고 행복한 삶을 영위해 나가야 합니다. 하나의 목표를 세우고 그것을 이루었을 때의 기쁨은 해 본 사람만이 압니다. 학창시절 꿈이 있다면 꿈을 이룰 준비를 하느라 몇 년 늦게 직업전선에 들어가도 되지 않을까요? 지금의 대학생들은 원하면 향후 80세 이상까지도 일할 수 있을 것입니다.

거듭 강조하지만 대학에서 전공선택은 매우 중요한 일이기 때문에 입학 전에 잘 선택해야 합니다. 입학하고 나서 자신의 전공에 대해 잘 모르면서 전공이 싫다고 하는 학생들도 있습니다. 반면에 입학한 학과에 잘 적응해서 졸업하고 사회생활을 잘하는 제자들이 있는데, 그들의 이야기를 들어 보면 매우 흐뭇함을 느낄 때가 있습니다.

"교수님, 교수님이 제가 학생일 때 우리 전공이 괜찮으니 적응하고 열심히 공부하라고 늘 말씀하셨지요. 그때는 잘 몰랐어요. 졸업 후에 사회에 나가서 다른 분야에 종사하는 친구들과 이야기를 나눠 보니 우리

분야가 정말 괜찮음을 느껴요. 학생일 때 소위 인기학과라고 부럽게 생각했던 분야도 막상 사회에 나와 보니 큰 의미는 없는 것 같아요. 교수님 말씀과 지도에 다시 한번 감사드려요."

분명한 것은, 대학에 입학 후 1년차에는 전공에 대해 깊이 고민해 보는 것도 좋습니다. 그러나 더 이상 신입생이 아닌데도 계속 고민하는 것은 바람직하지 않습니다. 재차 말하지만 고민은 너무 길게 하지 않는 게 좋습니다.

혹시 원하는 대학에 입학하지 못했다고 억울해하고 있습니까? 그럴 필요 없습니다. 학창시절도 전반전과 후반전이 있습니다. 대학까지 공부하는 사람의 경우 학창시절의 후반전은 대학입니다. 전반전인 고등학교 과정을 소홀히 해서 원하는 대학에 못 갔더라도 후반전인 대학에서 열심히 하면 원하는 직장이나 직업을 얻고 즐겁게 살아갈 수 있습니다. 인생에서 대학과 직장(직업) 중에서 어느 것이 더 중요합니까? 이 책을 통해 그 답을 찾고 후반전을 승리하기 바랍니다.

끝으로 호서대 설립자였던 강석규 박사가 95세 때 쓴 수기가 장수시대를 살아가는 오늘의 우리들에게 시사하는 바가 크기에 이 자리에 제시해 보겠습니다. 이 수기를 읽고 나는 퇴직 후 꼭 뭔가를 해야겠다는 생각을 다시금 하게 되었습니다.

"나는 젊었을 때 정말 열심히 일했습니다. 그 결과 나는 실력을 인정받았고 존경을 받았습니다. 그 덕에 65세 때 당당한 은퇴를 할 수 있었죠. 그런 내가 30년 후인 95살 생일 때 얼마나 후회의 눈물을 흘렸는지 모릅니다. 내 65년의 생애는 자랑스럽고 떳떳했지만 이후 30년의 삶은 부끄럽고 후회되고 비통한 삶이었습니다. 나는 퇴직 후 '이제 다 살았다. 남은 인생은 그냥 덤이다.'라는 생각으로 그저 고통 없이 죽기만을 기다렸습니다. 덧없고 희망이 없는 삶, 그런 삶을 무려 30년이나 살았습니다. 30년의 시간은 지금 내 나이 95세로 보면 3분의 1에 해당하는 기나긴 시간입니다. 만일 내가 퇴직할 때 앞으로 30년을 더 살 수 있다고 생각했다면 난 정말 그렇게 살지는 않았을 것입니다. 그때 나 스스로가 늙었다고, 뭔가를 시작하기엔 늦었다고 생각했던 것이 큰 잘못이었습니다. 나는 지금 95살이지만 정신이 또렷합니다. 앞으로 10년, 20년을 더 살지 모릅니다. 이제 나는 하고 싶었던 어학공부를 시작하려 합니다. 그 이유는 단 한 가지, 10년 후 맞이하게 될 105번째 생일날 95살 때 왜 아무것도 시작하지 않았는지 후회하지 않기 위해서입니다."

<이야기 코너>

인생을 바꾼 노숙자 이야기

존 돌란, 그는 노숙자입니다. 그런 존의 삶은 어느 날 말썽꾸러기 조지를 만나면서 조금씩 변해 갑니다. 조지를 만난 것은 우연이자, 기회이자, 다시없을 행운이기도 합니다.

처음에 조지는 사람과 접촉하기를 두려워하여 다루기 어려웠지만 그들은 곧 친구가 됩니다. 존의 생각은 이제 바뀌기 시작합니다. 더 이상 혼자가 아니라 조지를 책임져야 하기 때문입니다.

그는 이를 계기로 여전히 길거리에서 구걸을 하긴 했지만 오랫동안 잊고 있던 자신의 재능, 즉 어린 시절 좋아했던 그림 그리기를 다시 시작합니다. 존은 조지와 함께 하루도 거르지 않고 길바닥에 앉아 그림을 그립니다.

존이 그려 낸 작품에 흥미를 보인 사람들이 그의 그림을 구매하기 시작했고 미술 중개상들도 그를 찾아옵니다. 마침내 존은 3년 동안 똑같은 거리 위에 앉아서 그린 그림을 모아 자신의 인생에서 첫 번째 개인전을 열기에 이릅니다.

존은 길바닥을 전전하며 절망적인 삶을 사는 노숙자였지만 이제 아티스트로 변신하여 화가로 등단하게 되었습니다. 존은 조지를 만나면서 다시 삶의 의미를 찾았고 그의 어릴 적 재능을 회복함으로써 유명한 화가가 되기 이전에 정상적인 삶을 영위할 수 있게 된 것입니다. 우리에게 찾아오는 우연한 기회를 잘 활용해야 할 것입니다.

(출처: 『존과 조지(내 인생을 바꾼 강아지)』, 존 돌란 저)

〈하찮다고 생각되는 기회라도 잘 활용하면 대박입니다〉

<자기계발 코너>

자신을 변화시켜 보기

자신의 생각이나 습관 중 바꿔야 한다고 생각하는 것 5가지를 나열하고 실천계획을 적어 보세요.

1. ....

1) 필요성: ....

2) 실천계획: ....

....

....

....

....

....

....

....

....

....

2.

1) 필요성:

2) 실천계획:

3.

1) 필요성:

2) 실천계획:

4. ……………………………………

1) 필요성: ……………………………………

2) 실천계획: ……………………………………

5. ……………………………………

1) 필요성: ……………………………………

2) 실천계획: ……………………………………

집필후기

이 책을 준비하는 동안 수필가도 아닌 내가 왜 이런 책을 써야 하는가 스스로 질문을 여러 번 했습니다. 그럼에도 불구하고 이 책을 발간하기로 한 것은 '꿈 없이 대학에 입학한 학생들 중 단 한 명이라도 이 책을 읽고 자신이 원하는 꿈을 찾기 바라는 마음'이 있었기 때문입니다.

학생들에게 이 책이 꿈설계와 진로선택에 다소나마 '멘토'(Mento) 역할이 되기 바랍니다. 물론 대단한 것은 아니지만 나의 삶에서 얻은 작은 경험이 학생들에게 약간의 도움이 될 것으로 여겨집니다. 한편으로는, 이 시대 학생들의 생각을 제대로 읽지 못하고 기성세대의 진부한 이야기로 오히려 학생들에게 부담을 주는 부분이 있을까 의구심도 듭니다.

본문에서 언급했듯이, 나는 농사꾼에서 교수로 변신하기까지 내가 겪은 삶을 바탕으로 지난 20여 년 교수생활을 하면서 꿈 없는 학생들에게 꿈을 갖도록 다양한 방법으로 동기부여를 해 왔습니다.

그 결과 적지 않은 학생들이 꿈을 갖게 되었습니다. 왜 공부를 해야 하는지 알게 되었으며, 그로 인해 대학 생활을 잘 마무리하고 지금은 사회의 일원이 되어 자신의 삶을 위해, 그리고 몸담은 분야의 발전을 위해 노력하고 있음을 볼 때 감회가 새롭습니다.

학생들과 상담을 해 보면 오늘날 젊은이들이 꿈이 없는 것은 성장하는 과정에서 꿈을 가질 수 있는 계기가 없었기 때문이라는 생각도 듭니다. 작금의 시대는 먹거리가 부족했던 산업화 시대와는 달리 갈급함이 부족한 시기로, 자칫 나태해지기 쉬운 환경입니다. 그러면서 경쟁은 갈수록 심해져 아예 경쟁대열에서 스스로 이탈해 버리기도 합니다.

자녀들에 대한 부모의 관심도 다양합니다. 자녀들에게 특정 진로를 강요하는 경우도 있지만, '알아서 하겠지!'라고 생각하고 방치하는 부모들도 적지 않습니다. 근래 발표된 웃어넘길 수 없는 자료 하나를 보면 부모가 자녀를 대하는 단면을 볼 수 있습니다. 연합뉴스가 연세대학교 바른ICT연구소의 조사결과를 보도한 바에 따르면 (2018. 11. 28), 만 12개월에서 6세 사이의 영유아 자녀를 둔 부모 602명을 대상으로 조사한 결과 10명 중 6명의 부모가 방해받지 않고 자기 일을 하기 위해서, 혹은 아이를 빨리 달래고자 아이의 스마트폰 사용을 쉽게 허용한다고 합니다. 이 중 교육 앱을 보여주는 부모는 10명 중 1명도 안 된다고 했습니다.

힘들게 돈 벌어 자녀들 뒷바라지를 하는 것도 여전히 중요한 일이지만, 갈 길을 모르고 방황하는 그들의 진로를 함께 고민하는 것은 더 중요합니다. 자녀들을 학교에 보내고 용돈을 주는 것만으로 부모의 도리를 다한다고 생각하면 큰 착각입니다. 특히 아버지가 자녀양육에 관심이 부족한 것은 옳지 못합니다. 자녀 양육적인 면에서 볼 때, "세상일로 바쁜 아버지는 나쁜 아버지"라는 말도 있습니다.

자신은 배우지 못해 '인생 성공'이란 말은 언급조차 못 하지만, 자녀들과 교감하며 갖은 노동을 마다하지 않고 열심히 일해서 그들을 훌륭하게 키워 낸 분들을 보면 고개가 숙여집니다. 자식들이 문제를 일으켜 지탄을 받고 있는 이 시대의 적지 않은 사회 지도자급 인사들의 모습과는 너무나 다릅니다. 누가 더 성공한 사람입니까?

이제 대학에 갓 입학한 새내기 여러분, 열심히 준비해서 어렵게 입학한 대학, 입시지옥을 벗어나 입학축하를 받기 무섭게 이제는 대학졸업 후를 걱정해야 합니다. 이 책을 읽고 웃을 수 있는 아름다운 꿈 하나 만들고, 그것을 향해 대학 생활을 멋지게, 후회 없이 하기 바랍니다. 그러면 미래는 그대의 세상이 됩니다.

대학생이 된 그대에게 한 가지 더 하고 싶은 말은 책을 많이 읽어야 한다는 것입니다. 이 책에서 다른 사람이 쓴 책을 좀 인용했듯이 책에는 무한한 지혜가 담겨 있음을 강조하고자 합니다. 스마트폰에 빠지는 것보다 책에 시간을 투자해 보십시오. 책을 읽으면 행복해집니다. 프랑스의 철학자인 몽테스키외가 한 말, "나는 재산도 명예도 권력도 다 가졌으나 생애 중 가장 행복했던 순간은 독서를 통해서 얻었다. 독서처럼 값싸고 영속적인 쾌락은 없다."를 되새겨 보며 책 읽는 대학생, 행복한 대학생이 되길 바랍니다.

대학 졸업 후 무한경쟁사회에서 생존하려면 학창시절이나 졸업 후에도 때로는 삶이 힘들게 느껴지기도 할 것입니다. 그럴수록 힘을 내야 합니다. 그대만 힘든 게 아니라 다른 사람도 마찬가지입니다. 그대가 힘든 일이 있을 때 그대를 응원하는 사람들이 있다는 사실도 결코 잊지 말기 바랍니다. 원하는 꿈을 설계하고 노력하여 그것을 성취하여 훗날 자신의 삶의 스토리(Life story)로 만들어 보기 바랍니다. 그대의 성공적인 대학 생활을 기원합니다. 감사합니다.

모든 것이 선택이고 고민인 대학 생활!
전국의 모든 대학생들이 꿈과 용기를 얻어
자신감 넘치는 행복에너지가
팡팡팡 솟아오르기를 기원합니다!

권선복(도서출판 행복에너지 대표이사)

길고 힘들었던 수험 생활이 끝나고, 마침내 맞이하게 된 대학 생활. 밝은 캠퍼스 라이프만이 펼쳐질 것 같지만, 사실 또 다른 인생의 관문이 기다리고 있습니다. 나는 내게 맞는 학과를 선택한 것일까? 공부는 무슨 공부를 해야 할까? 자격증은? 취업 준비는 어떻게 해야 하지? 내 꿈은 어떻게 만들어 가야 할까? 등등등…. 이 책의 저자 채병조 교수님은 바로 그러한 고민을 안고 있는 모든 대학생들에게 방향을 제시해 주고 싶은 마음으로 이 책을 썼습니다.

대학 생활은 결코 낭만으로만 이루어진 장밋빛 공간이 아닙니다. 이 시기를 치열하게 보낸 자는 분명 그에 따른 보상을 얻게 될 것이지만, 방황만 하다가 허송세월로 기회를 놓쳐 버리면 소중한 시간을 낭비하는 것과 같을 것입니다.

대학생으로서 가장 먼저 해야 할 일은 '꿈을 찾는 것'입니다. 특히 저자는 '너무 오래 미루지 말라'고 합니다. 황금 같은 이 시기를 잘 활용하려면, 자신의 목표를 확실히 정하고, 그에 맞게 움직여야 한다고 말입니다.

이 책은 저자께서 교수 생활을 하면서 만났던 다양한 학생들의 고민을 통해, 단순하면서도 명료한 솔루션을 이야기해 줍니다. 챕터를 따라 현재 자신의 문제를 직시하고, 계획을 세우고, 소박한 꿈부터 차근차근 성취할 수 있게 되기를 바랍니다. 그리하여 대학생 여러분의 보다 뚜렷한 앞날을 직시하며 가벼운 발걸음으로 희망찬 캠퍼스 라이프를 보내길 바랍니다.

지금 당장은 어떻게 지도를 그려 가야 할지 막막하지만 물방울이 바위를 뚫듯이 조금씩 나아가면 반드시 길을 찾을 수 있을 것입니다. 저 또한 모든 대학생 여러분들에게 응원과 격려를 보내며 신선한 에너지가 팡팡팡! 솟아오르기를 소망하겠습니다.

여러분의 앞길에 햇살이 가득하길 바랍니다!

'행복에너지'의 해피 대한민국 프로젝트!

〈모교 책 보내기 운동〉

대한민국의 뿌리, 대한민국의 미래 **청소년·청년**들에게 **책**을 보내주세요.

많은 학교의 도서관이 가난해지고 있습니다. 그만큼 많은 학생들의 마음 또한 가난해지고 있습니다. 학교 도서관에는 색이 바래고 찢어진 책들이 나뒹굽니다. 더럽고 먼지만 앉은 책을 과연 누가 읽고 싶어 할까요?

게임과 스마트폰에 중독된 초·중고생들. 입시의 문턱 앞에서 문제집에만 매달리는 고등학생들. 험난한 취업 준비에 책 읽을 시간조차 없는 대학생들. 아무런 꿈도 없이 정해진 길을 따라서만 가는 젊은이들이 과연 대한민국을 이끌 수 있을까요?

한 권의 책은 한 사람의 인생을 바꾸는 힘을 가지고 있습니다. 한 사람의 인생이 바뀌면 한 나라의 국운이 바뀝니다. **저희 행복에너지에서는 베스트셀러와 각종 기관에서 우수도서로 선정된 도서를 중심으로 〈모교 책 보내기 운동〉을 펼치고 있습니다.** 대한민국의 미래, 젊은이들에게 좋은 책을 보내주십시오. 독자 여러분의 자랑스러운 모교에 보내진 한 권의 책은 더 크게 성장할 대한민국의 발판이 될 것입니다.

도서출판 행복에너지를 성원해주시는 독자 여러분의 많은 관심과 참여 부탁드리겠습니다.

임직원 일동

문의전화 0505-613-6133